Apprenons à tracer
des lignes, des formes
et des lettres!

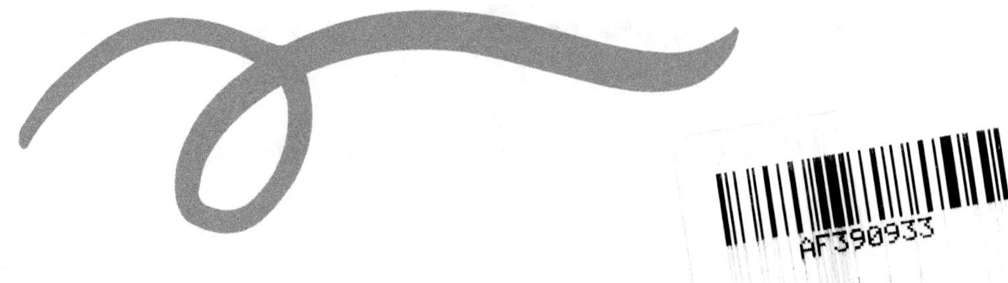

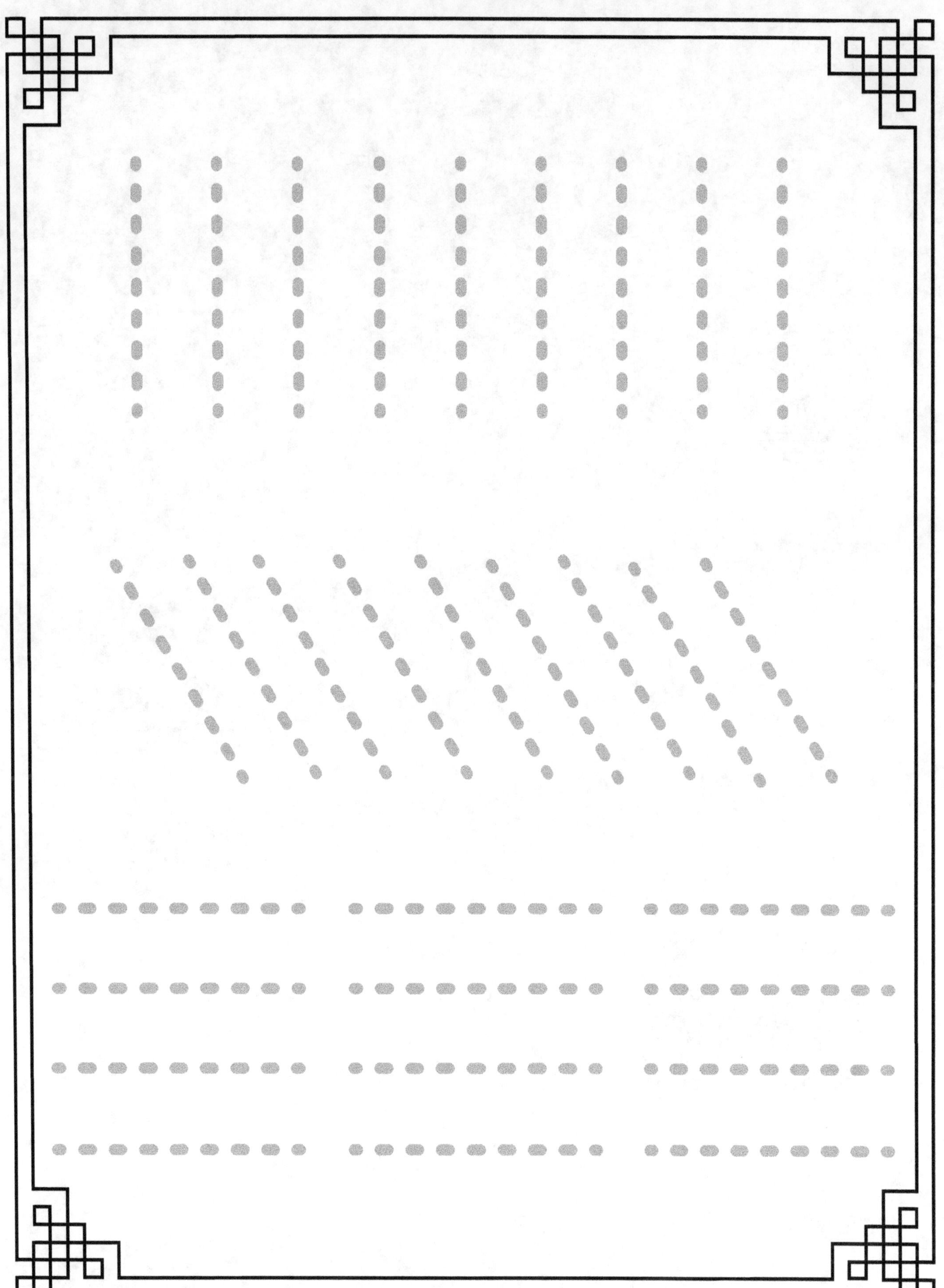

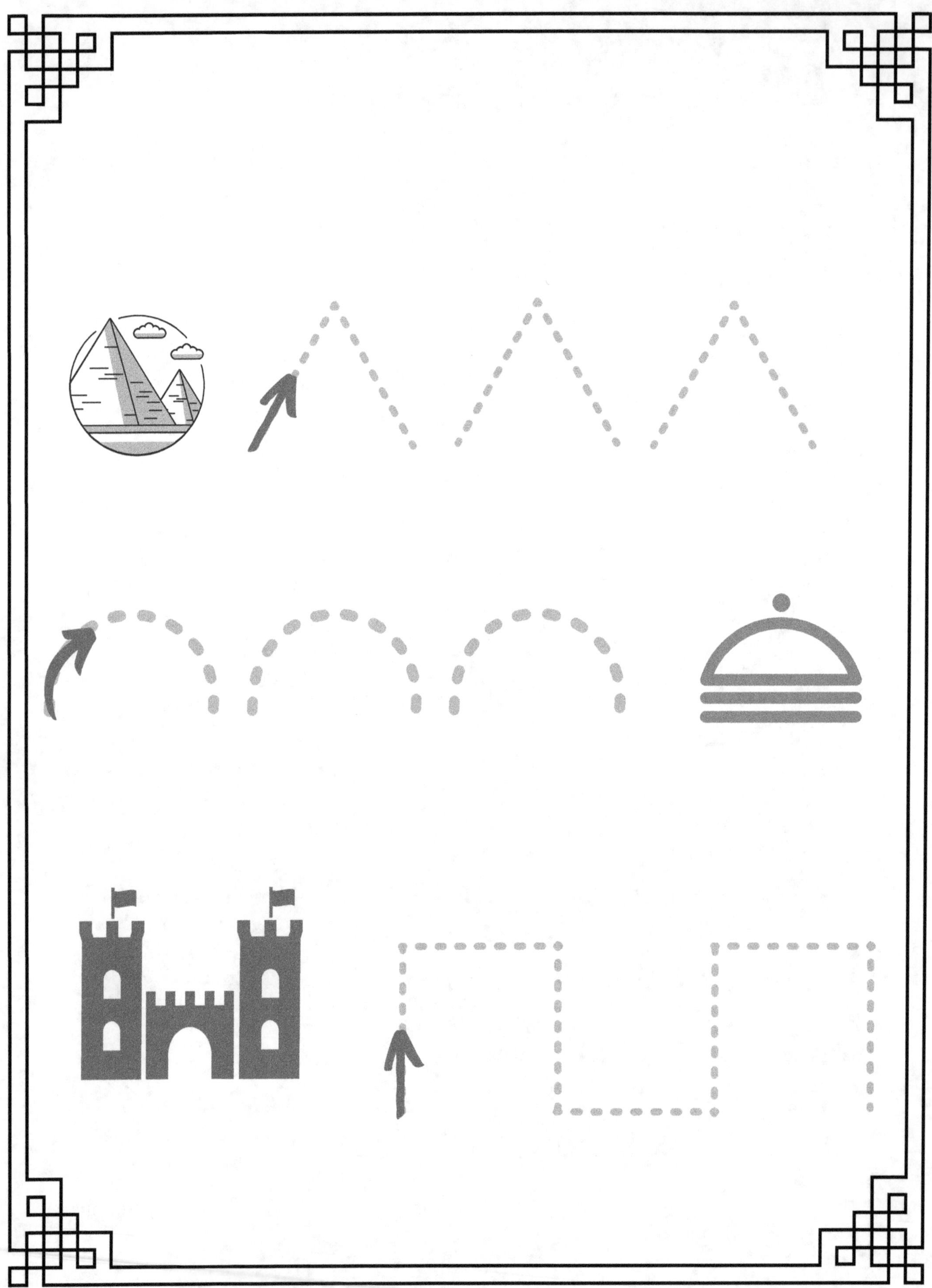

A

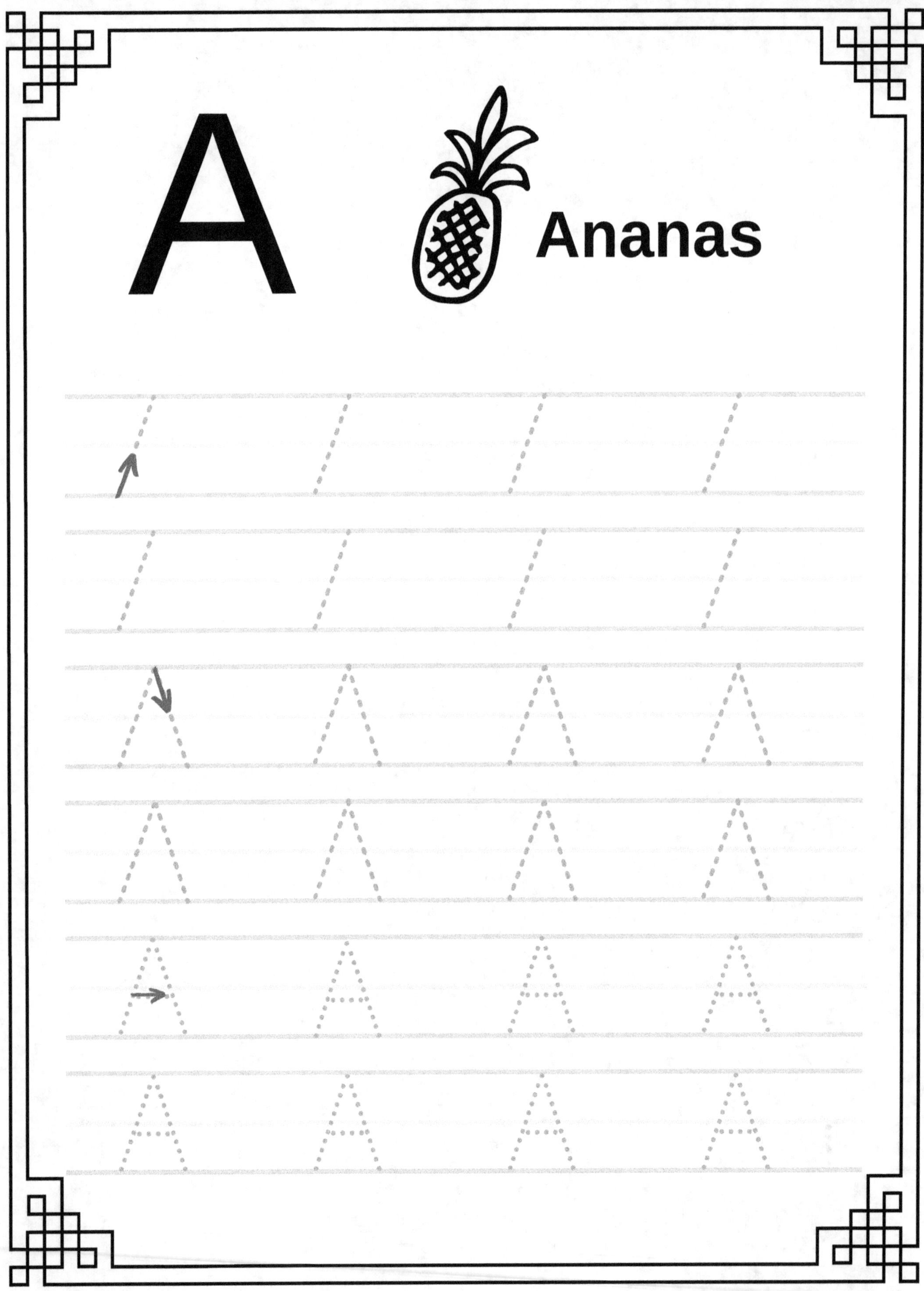

Ananas

B

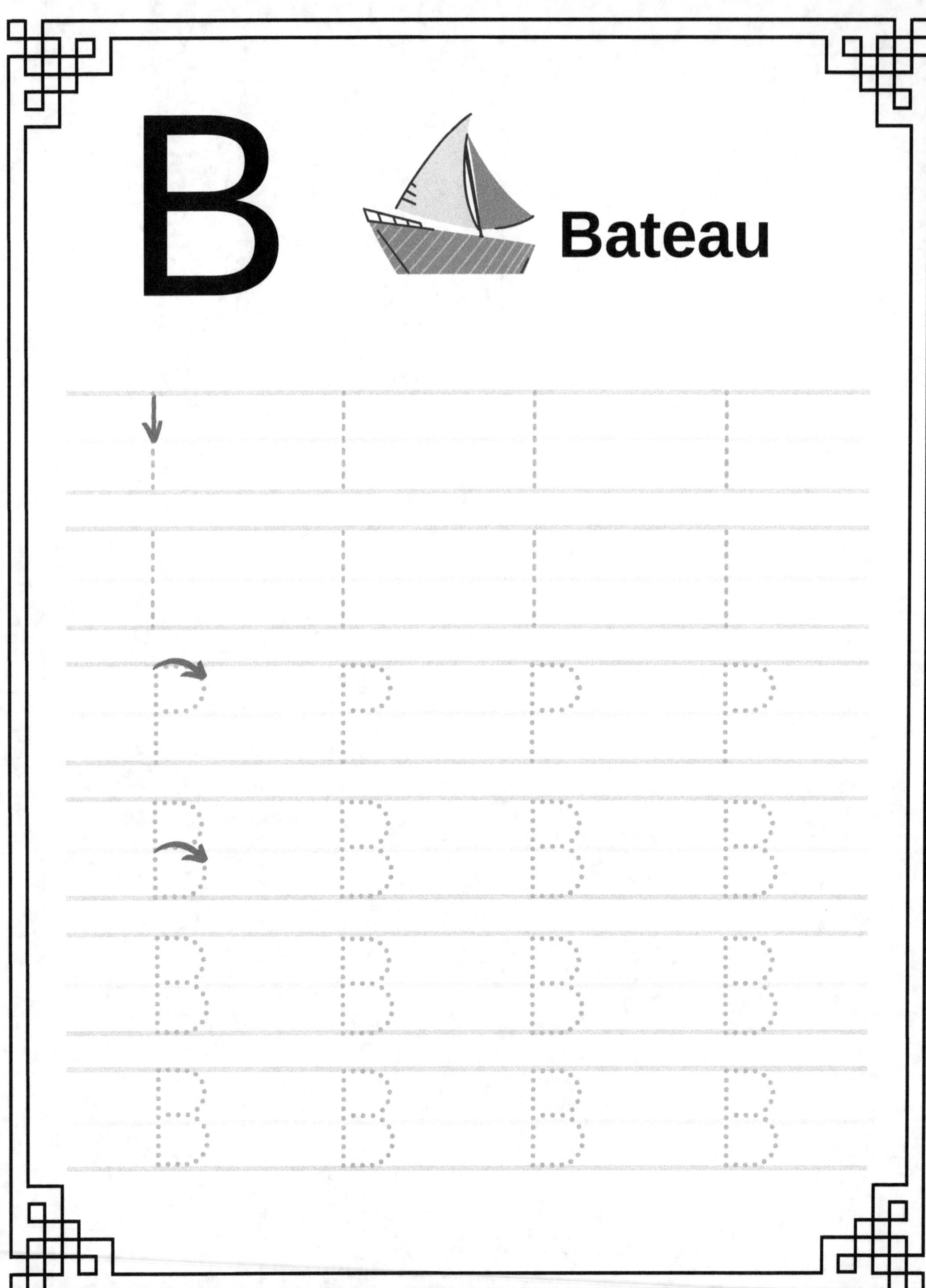

Bateau

C

Chocolat

D

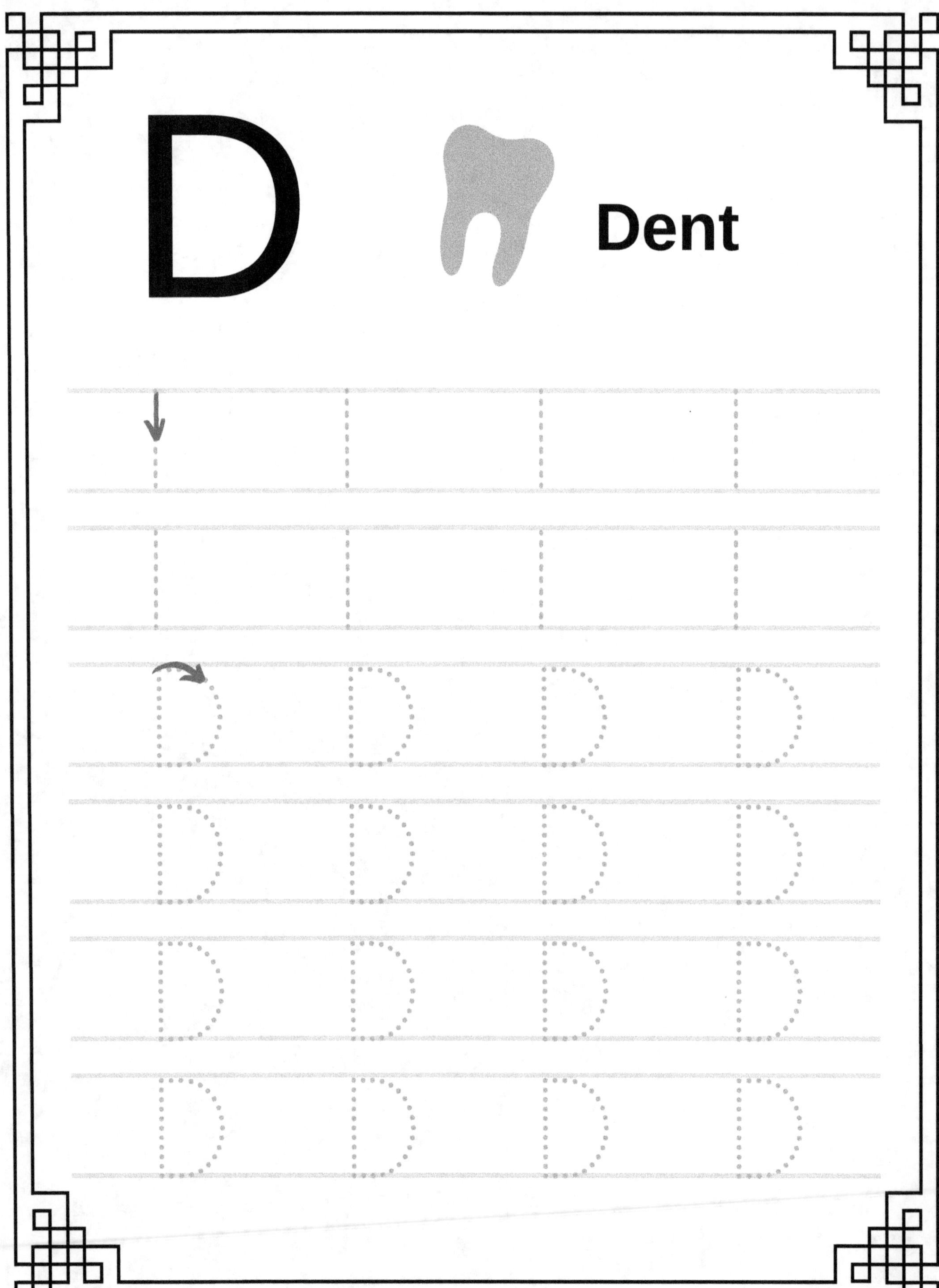

E
Eléphant

F

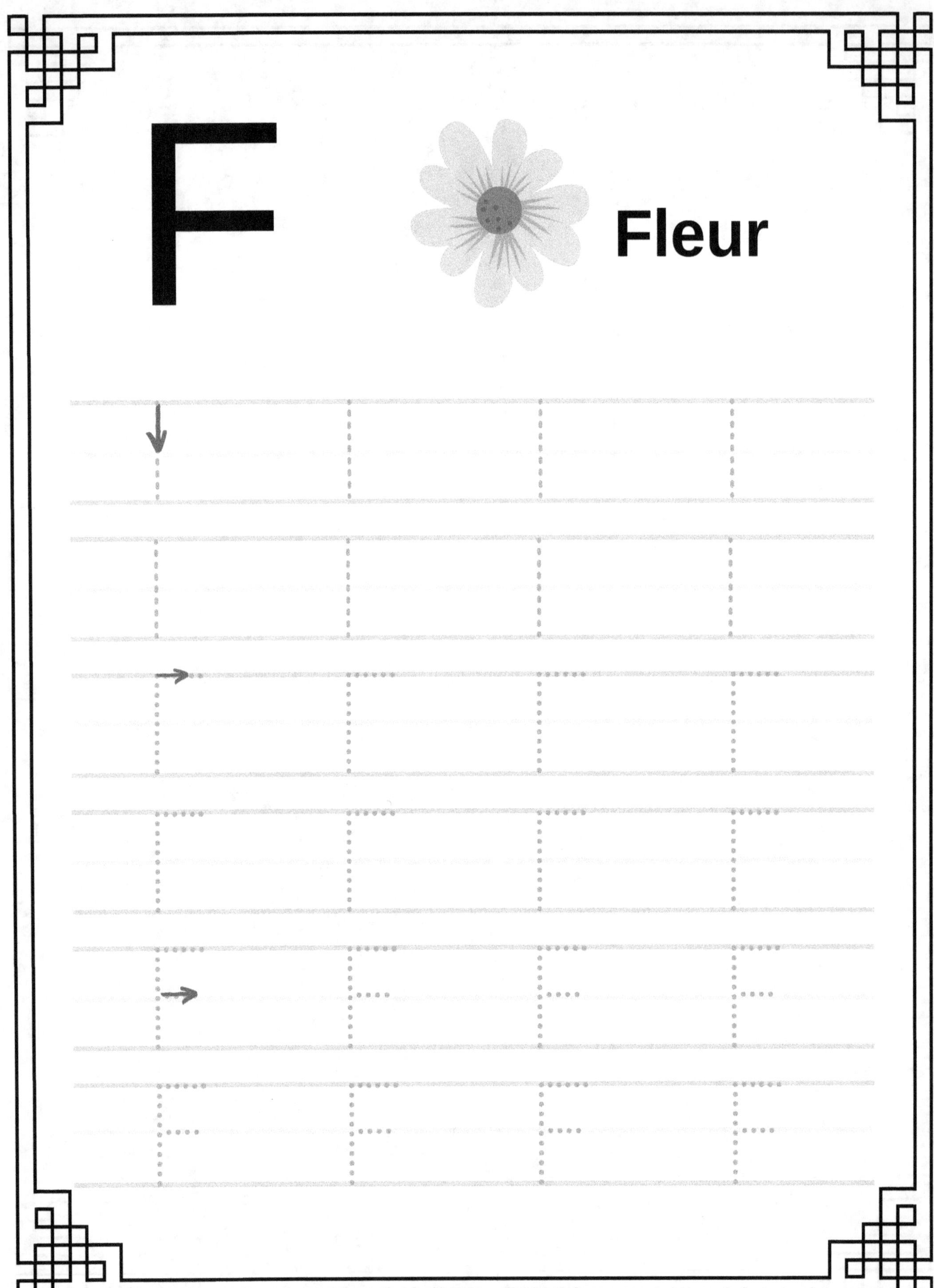

G

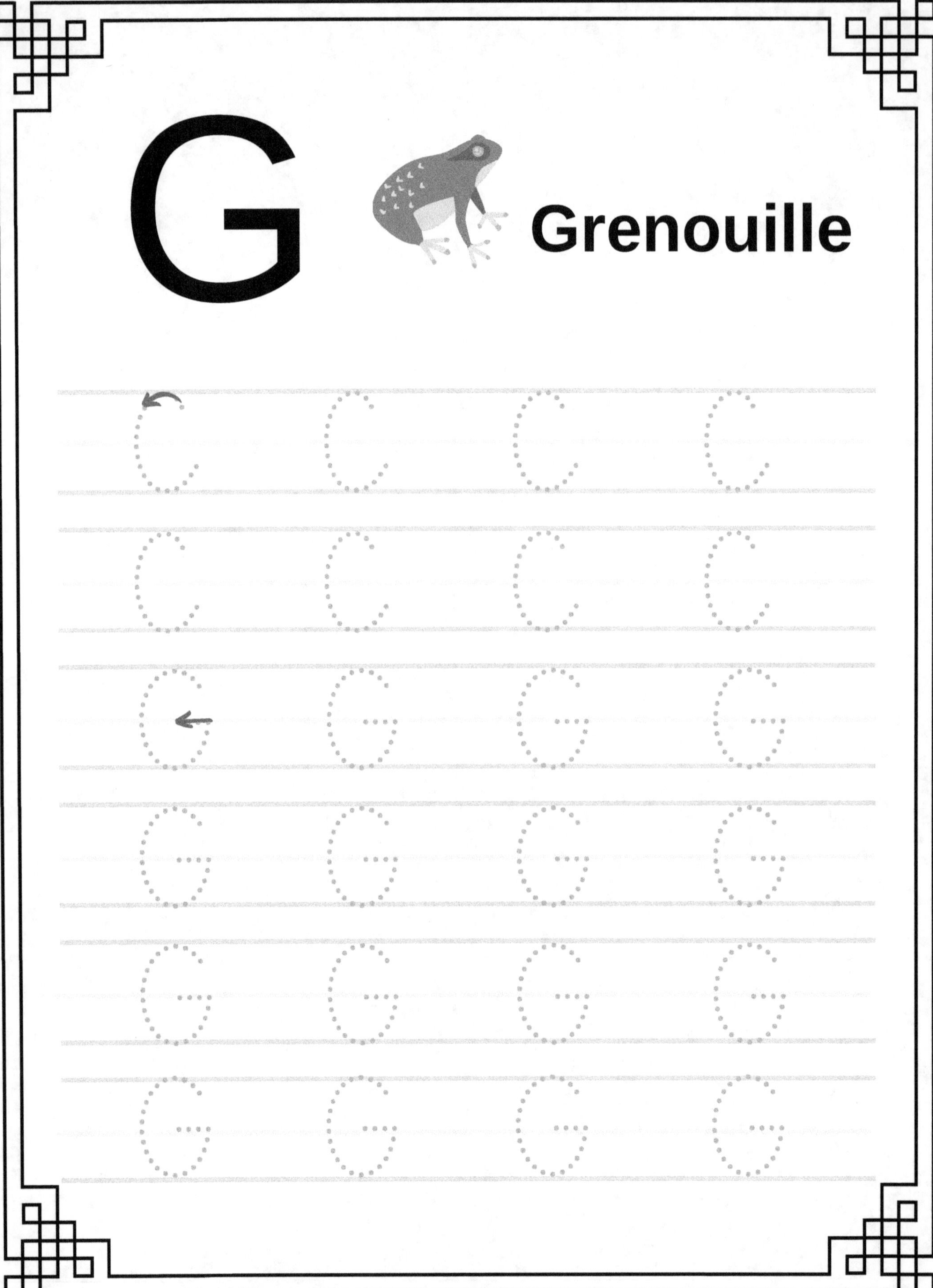

Grenouille

H

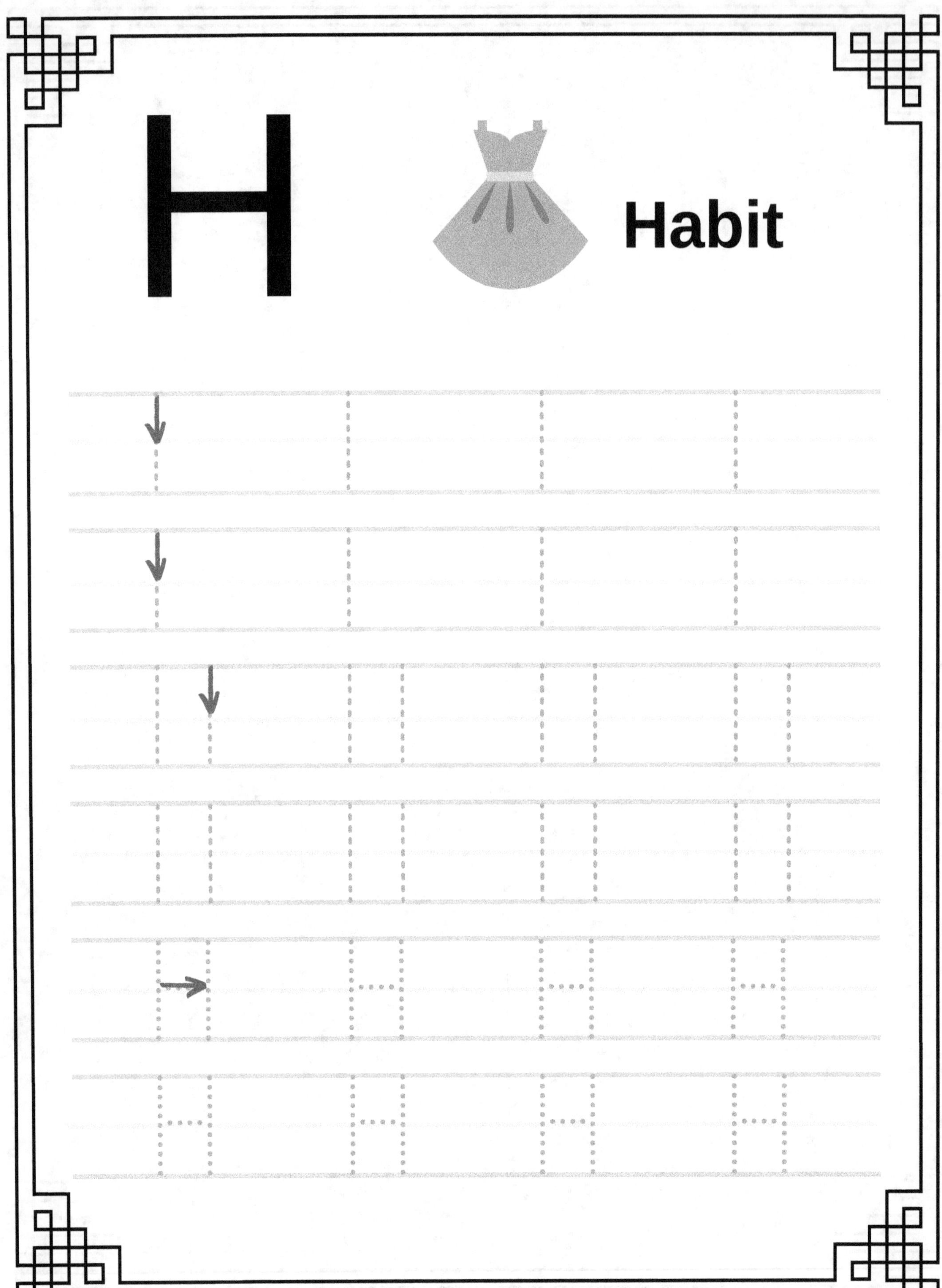

Habit

I

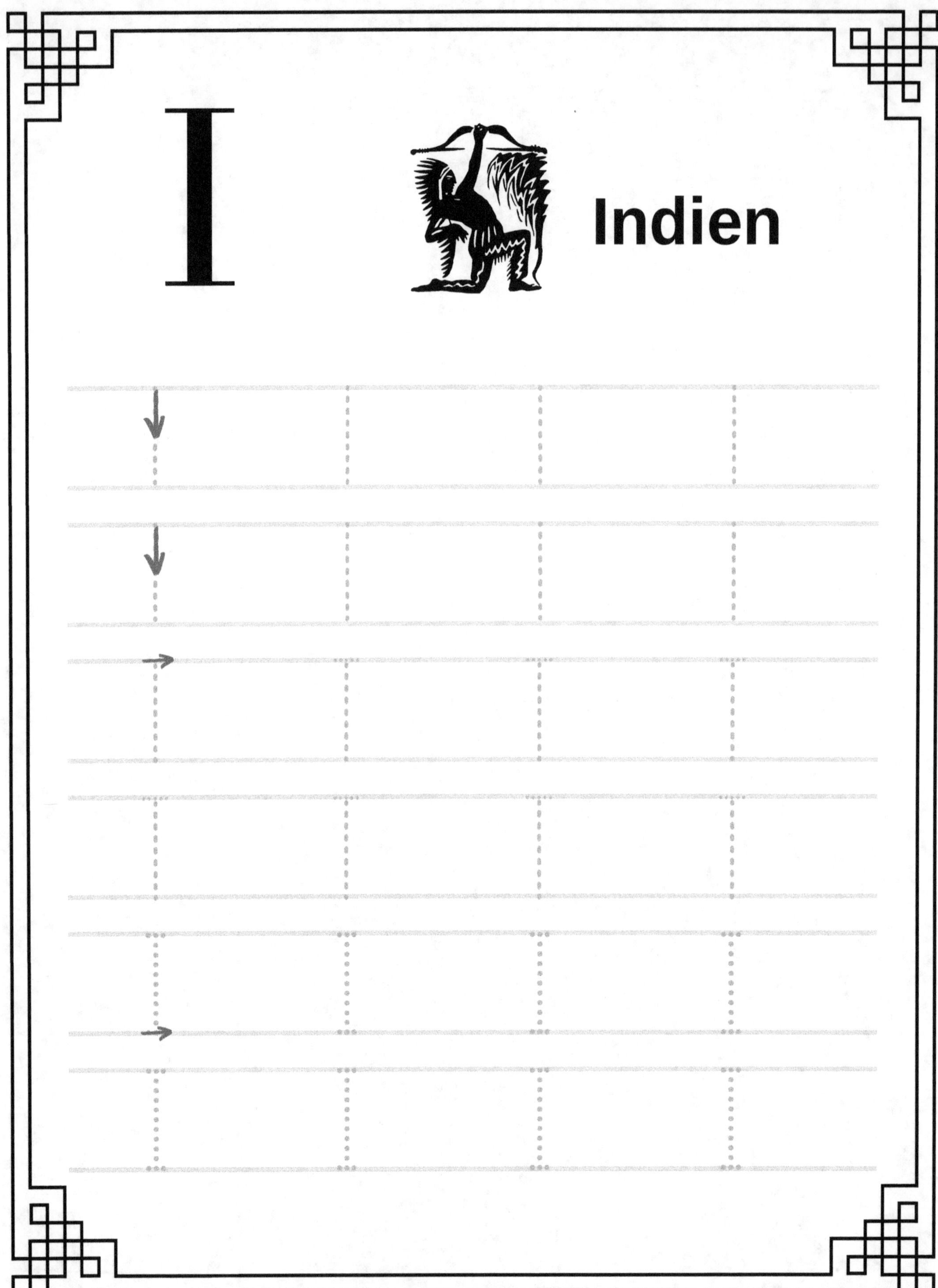

Indien

J

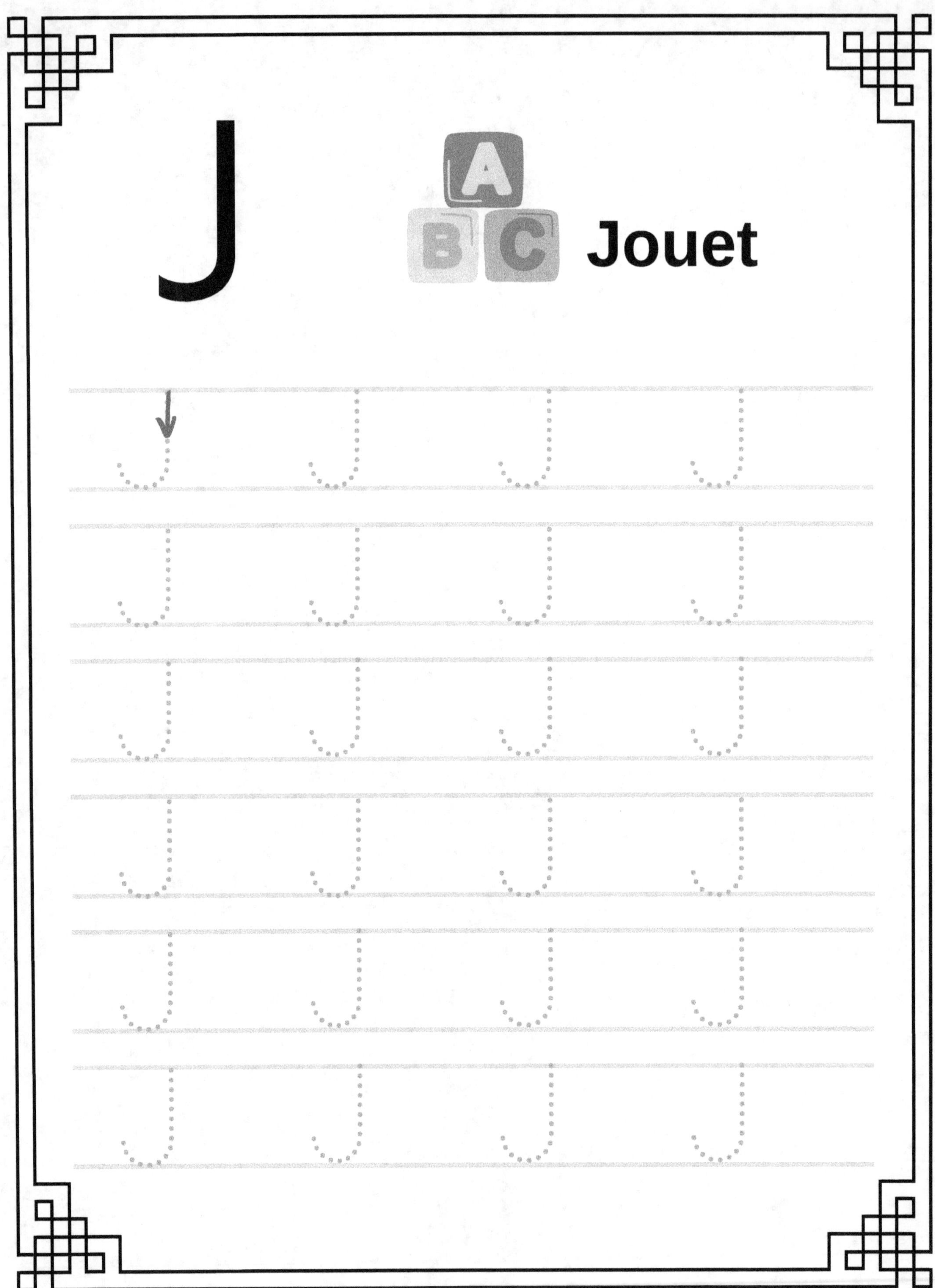

K

Koala

L

 Lion

M

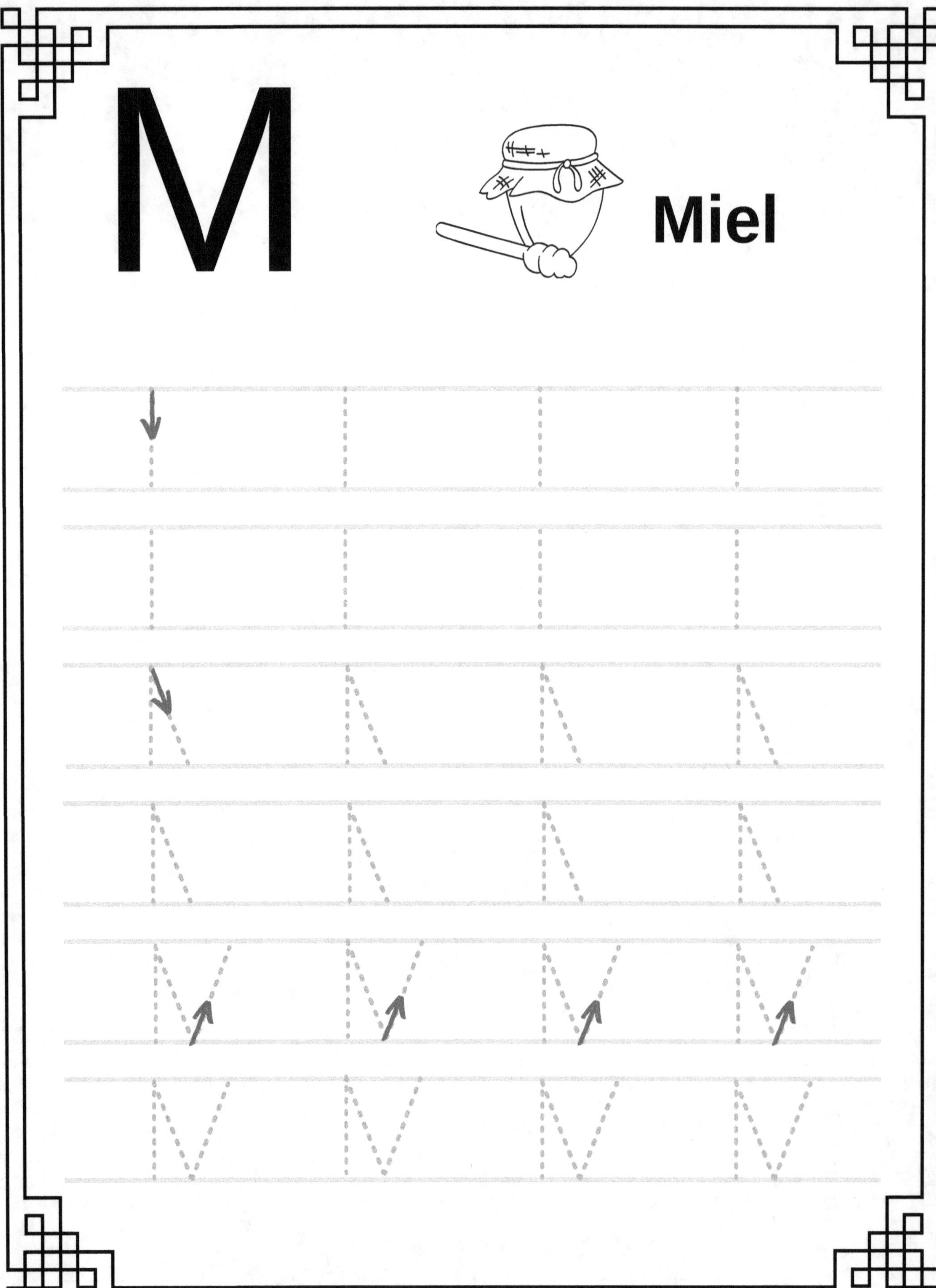

N

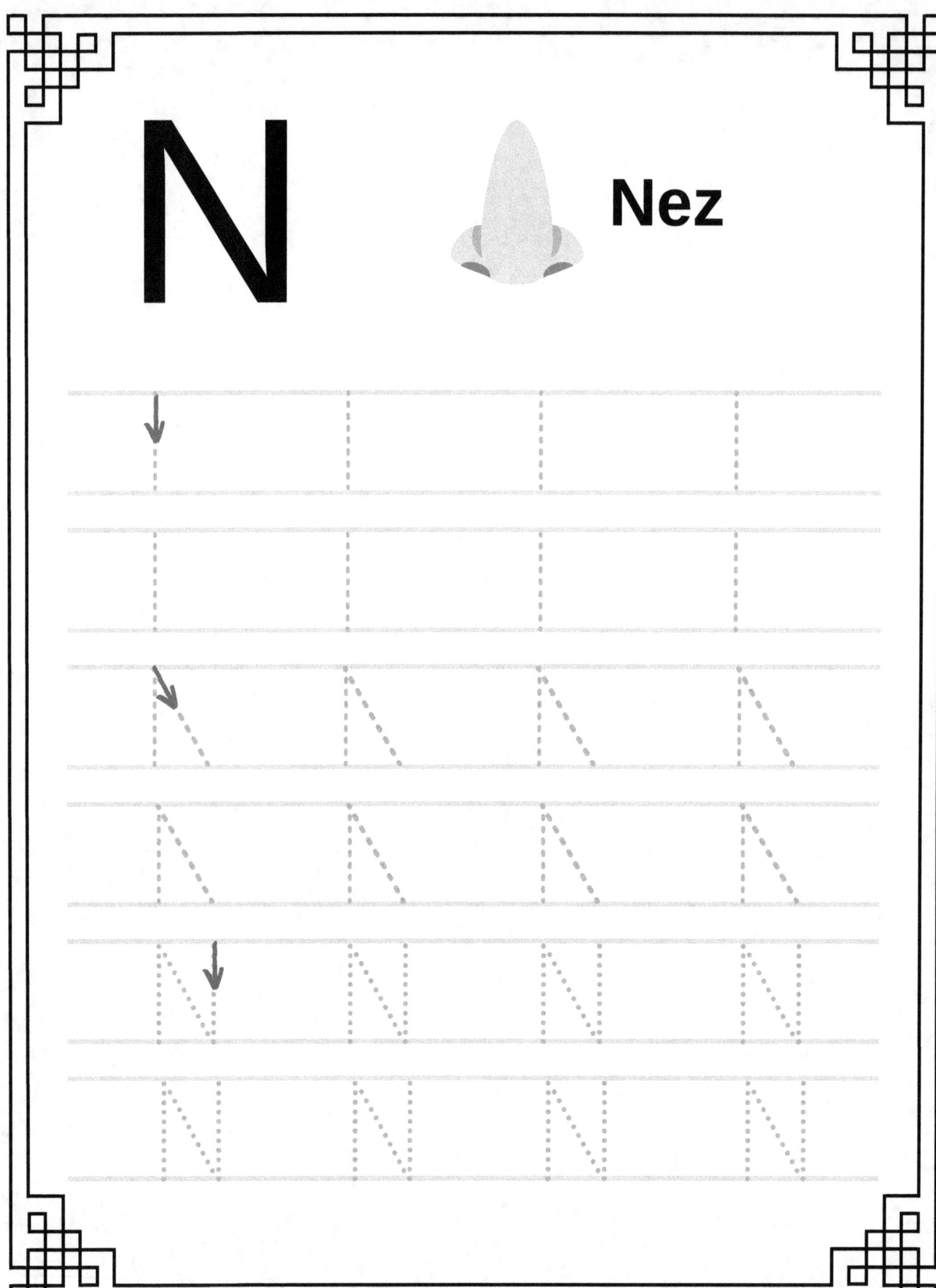

O

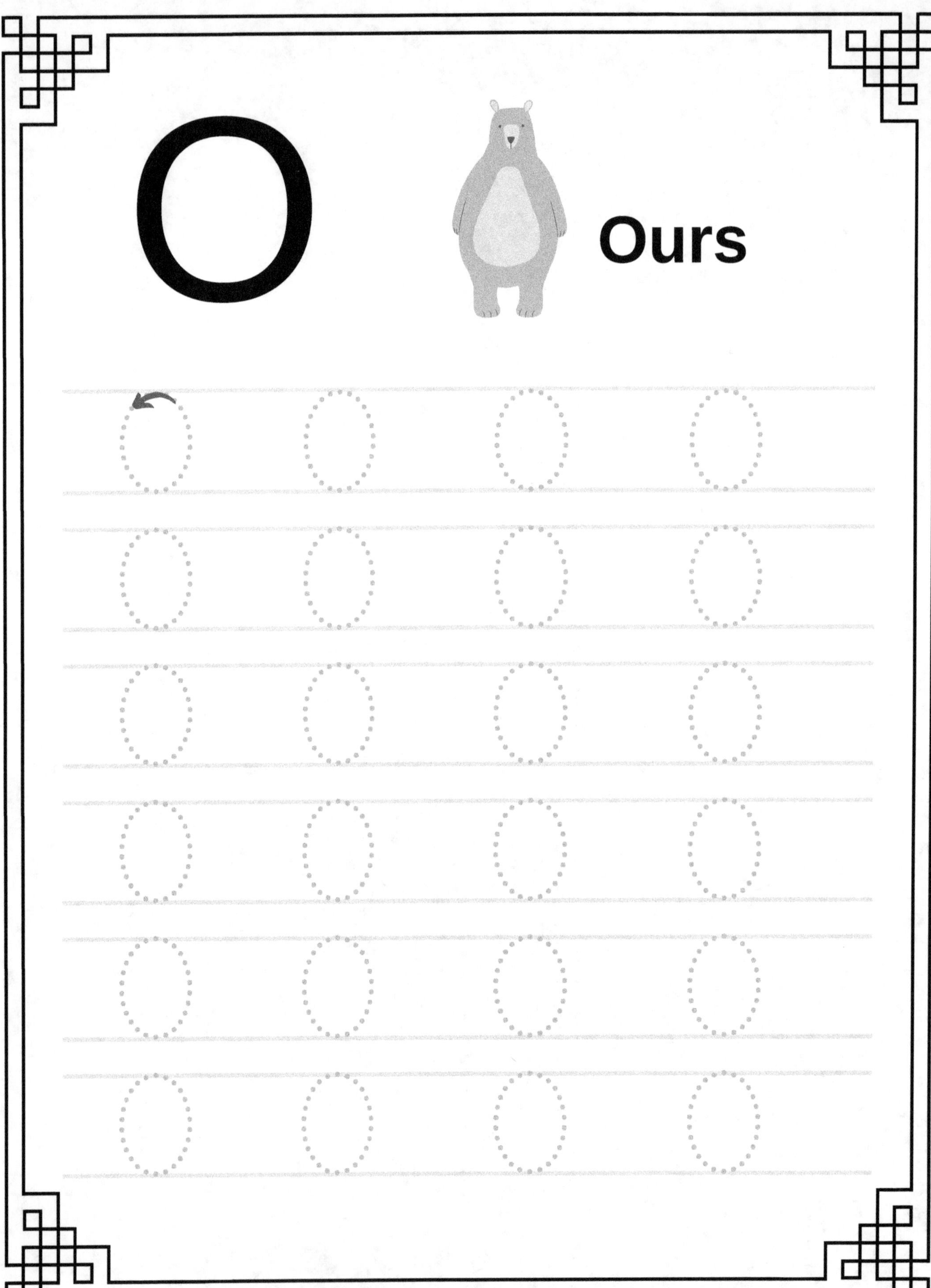

Ours

P

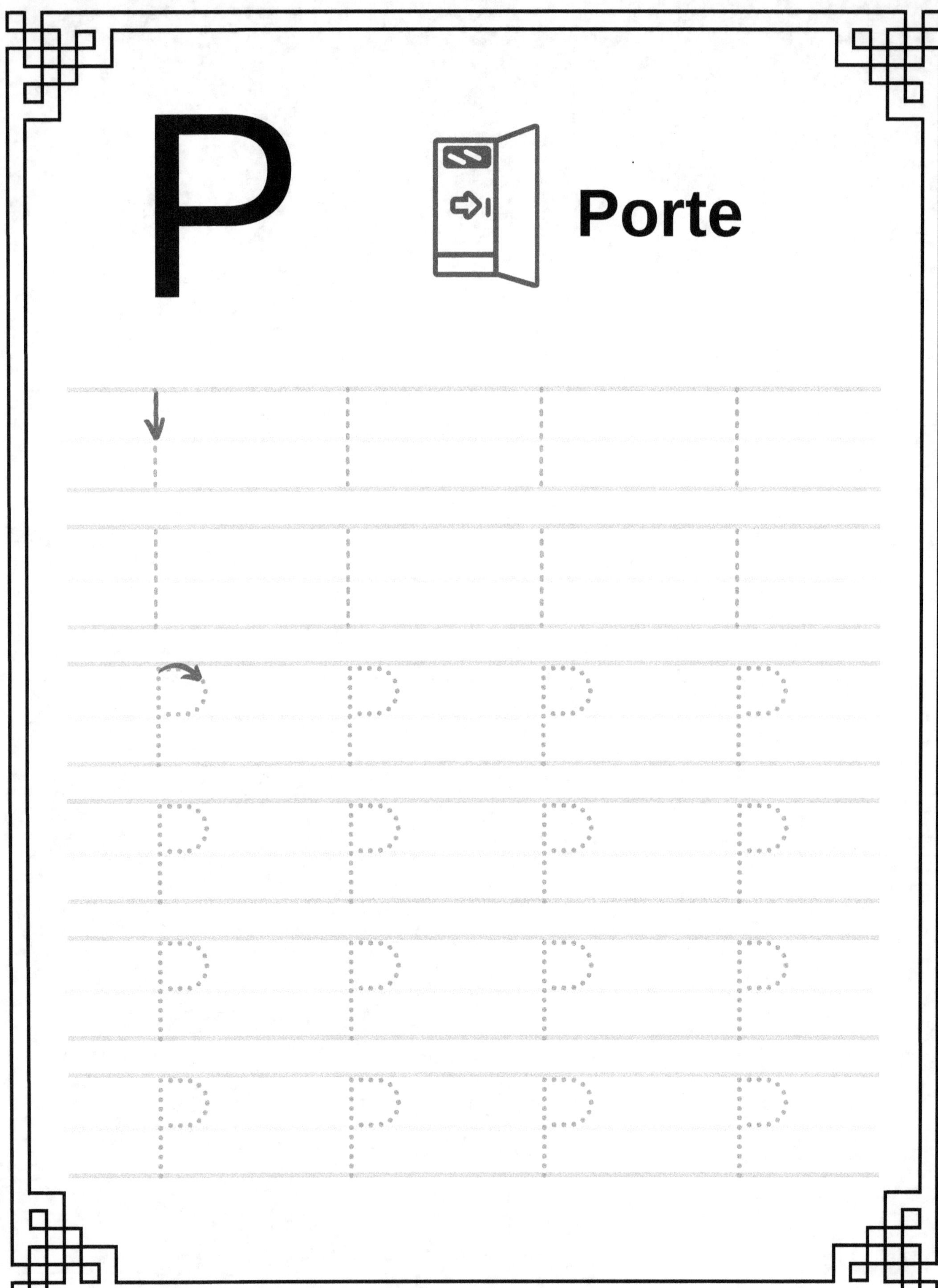

Q

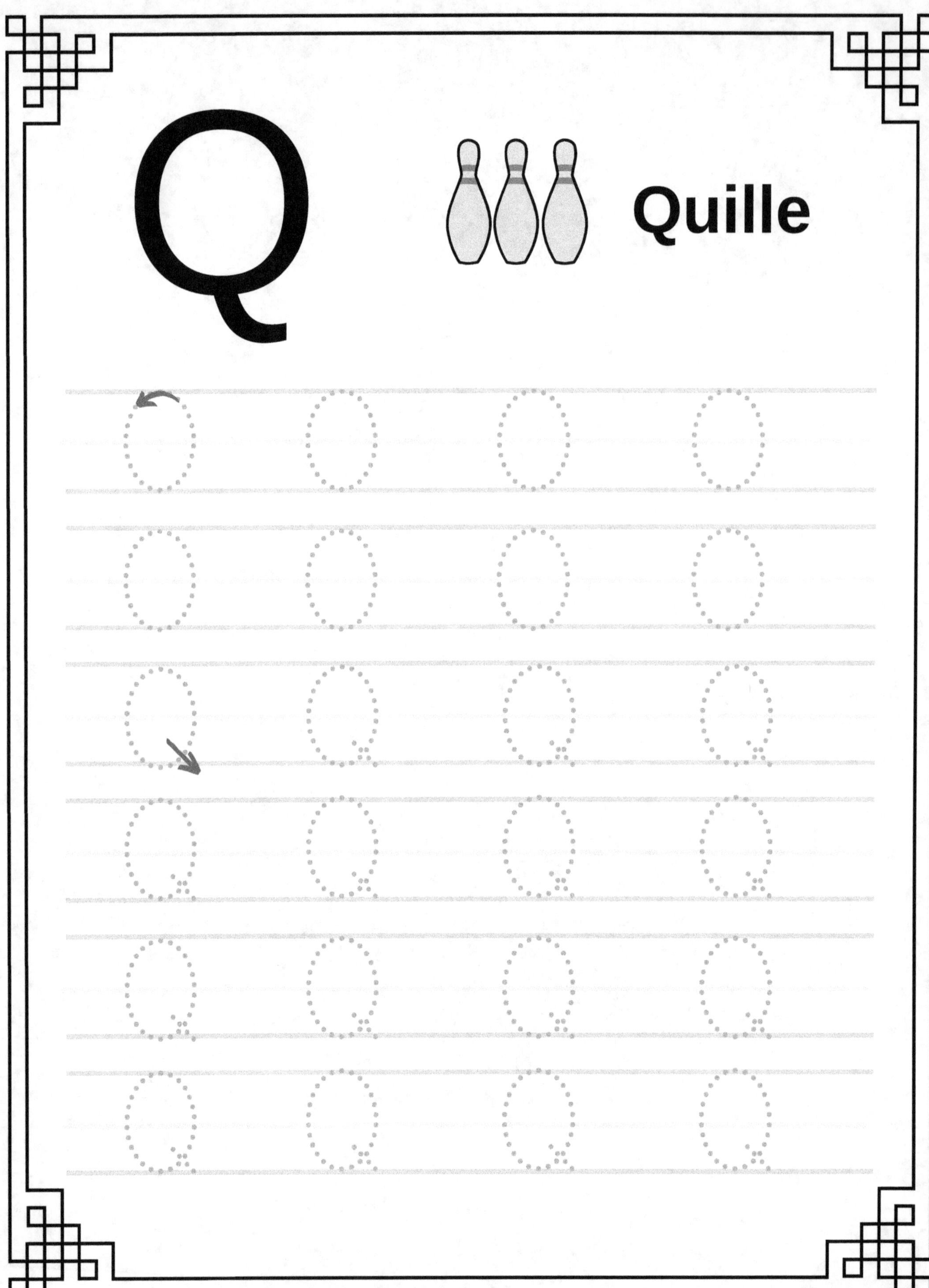

R

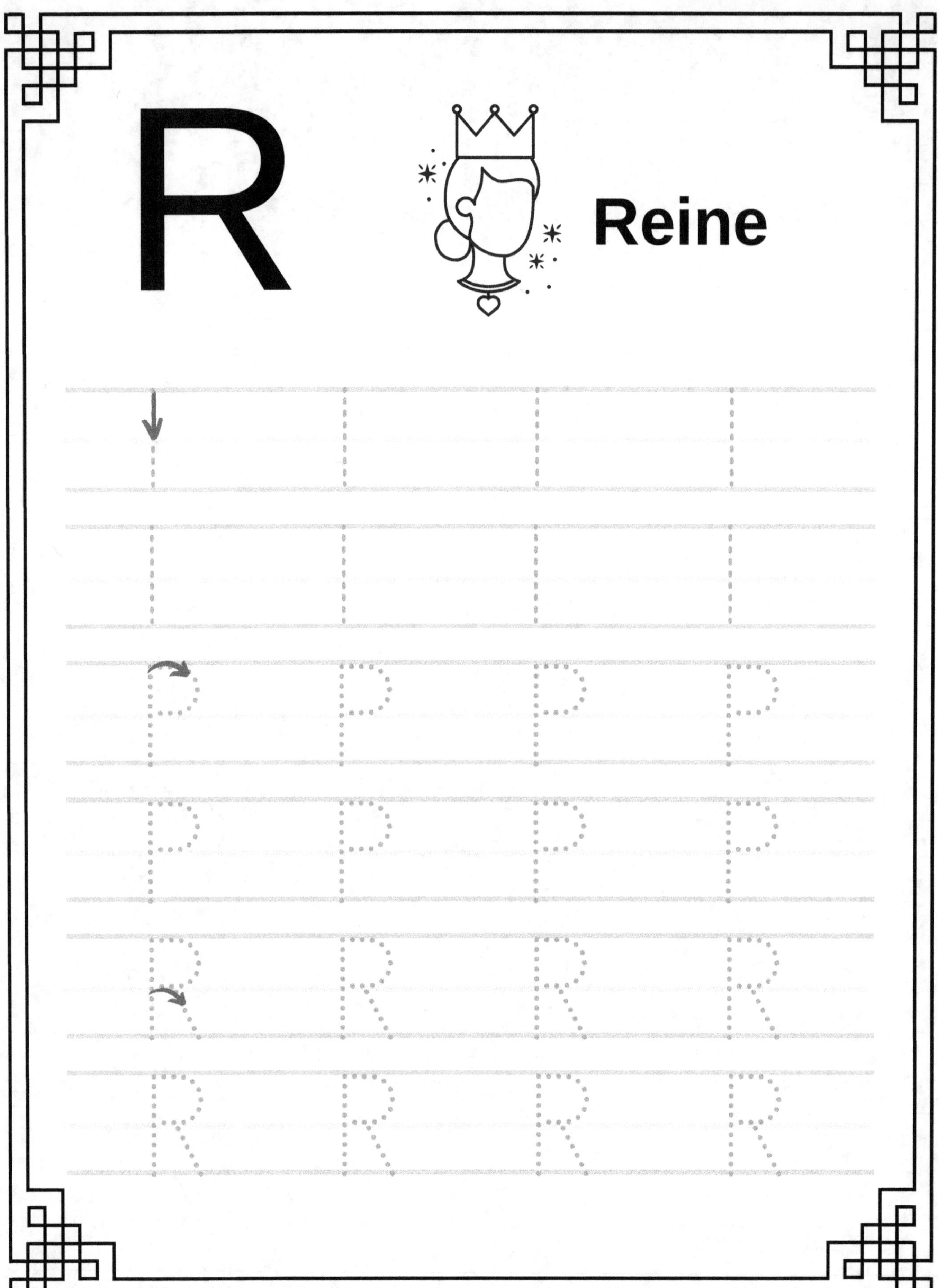

S

**Serpent

T

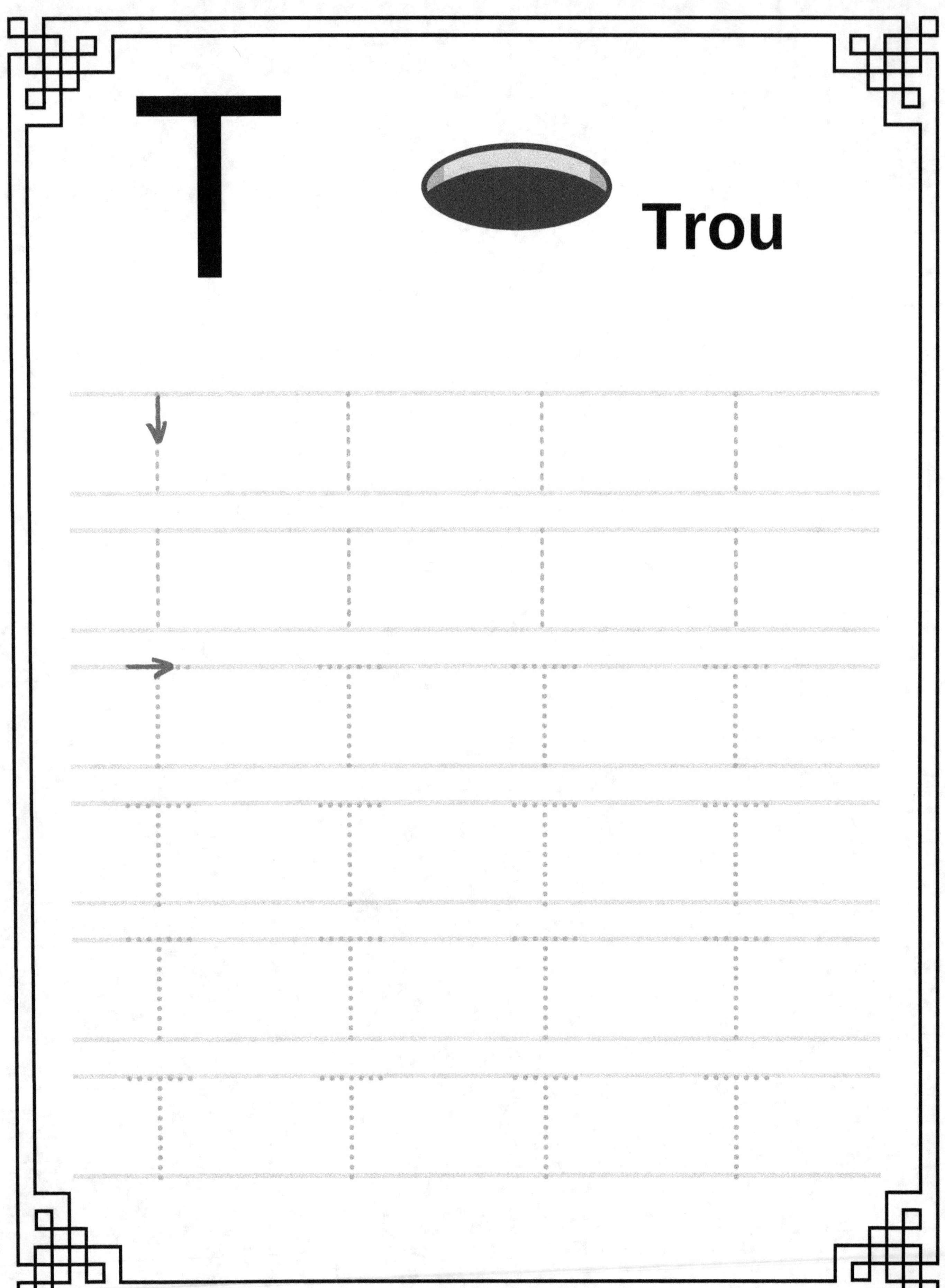

Trou

U

Univers

V

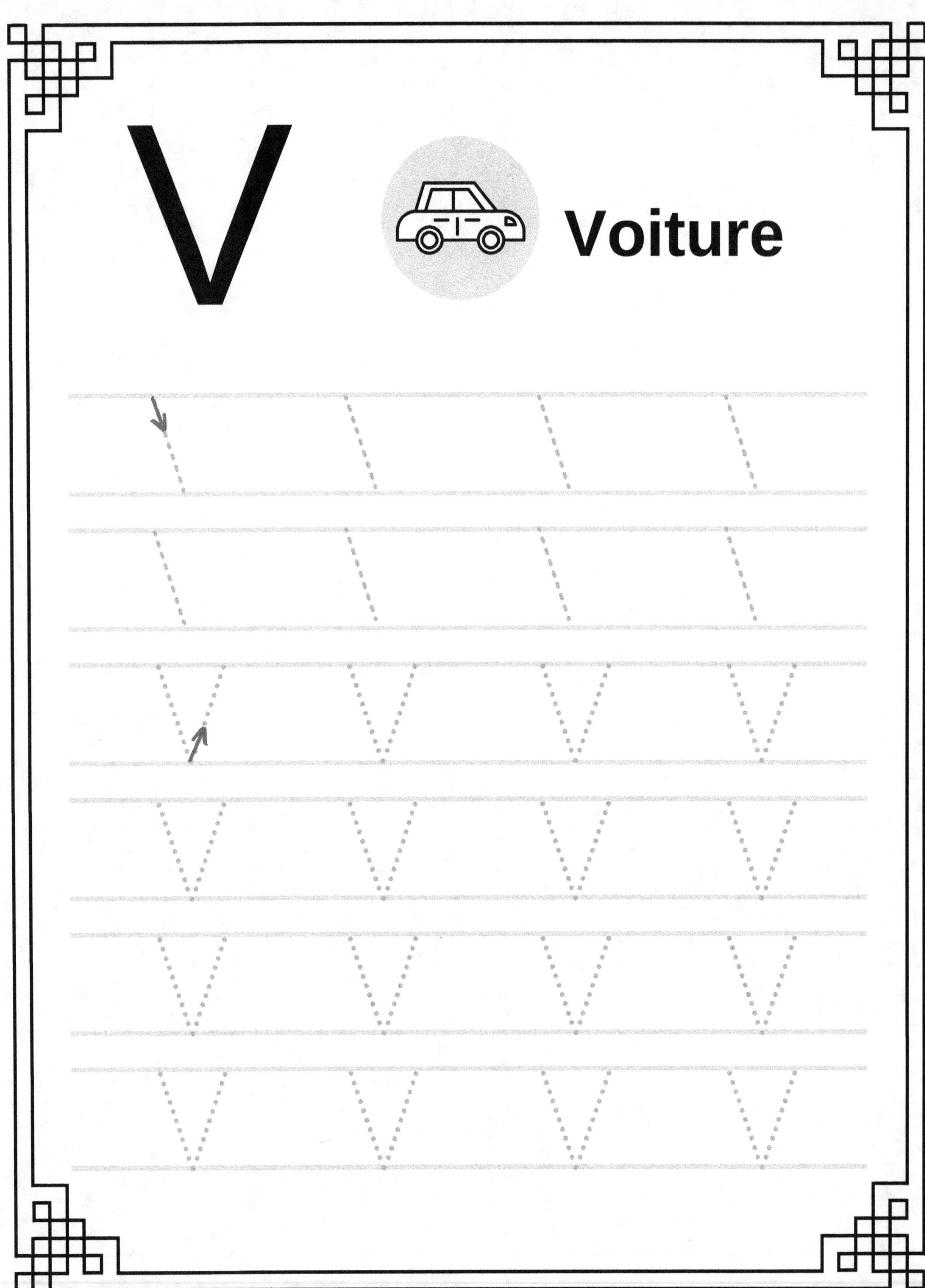

W

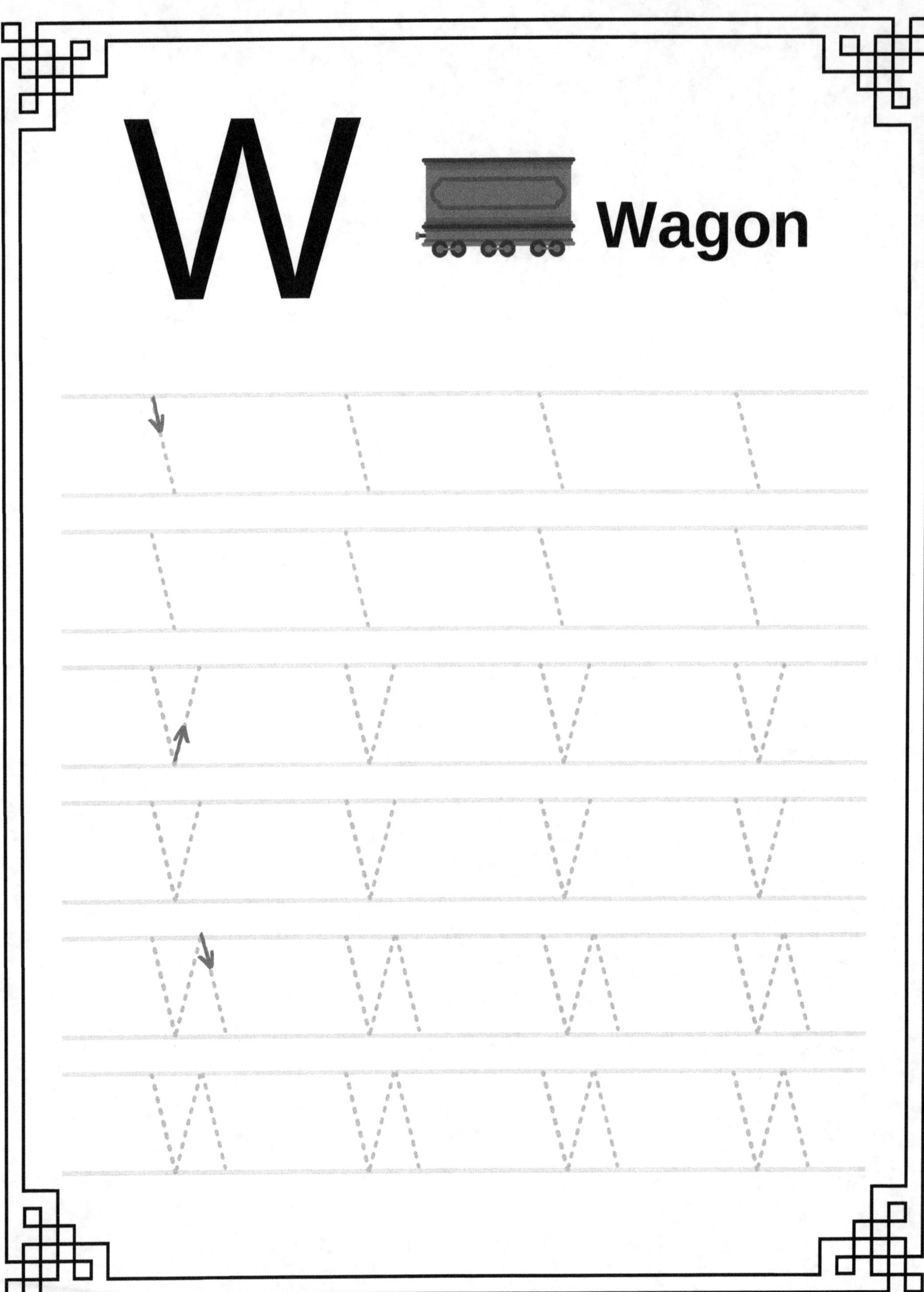

Wagon

X

Y

Yack

Z

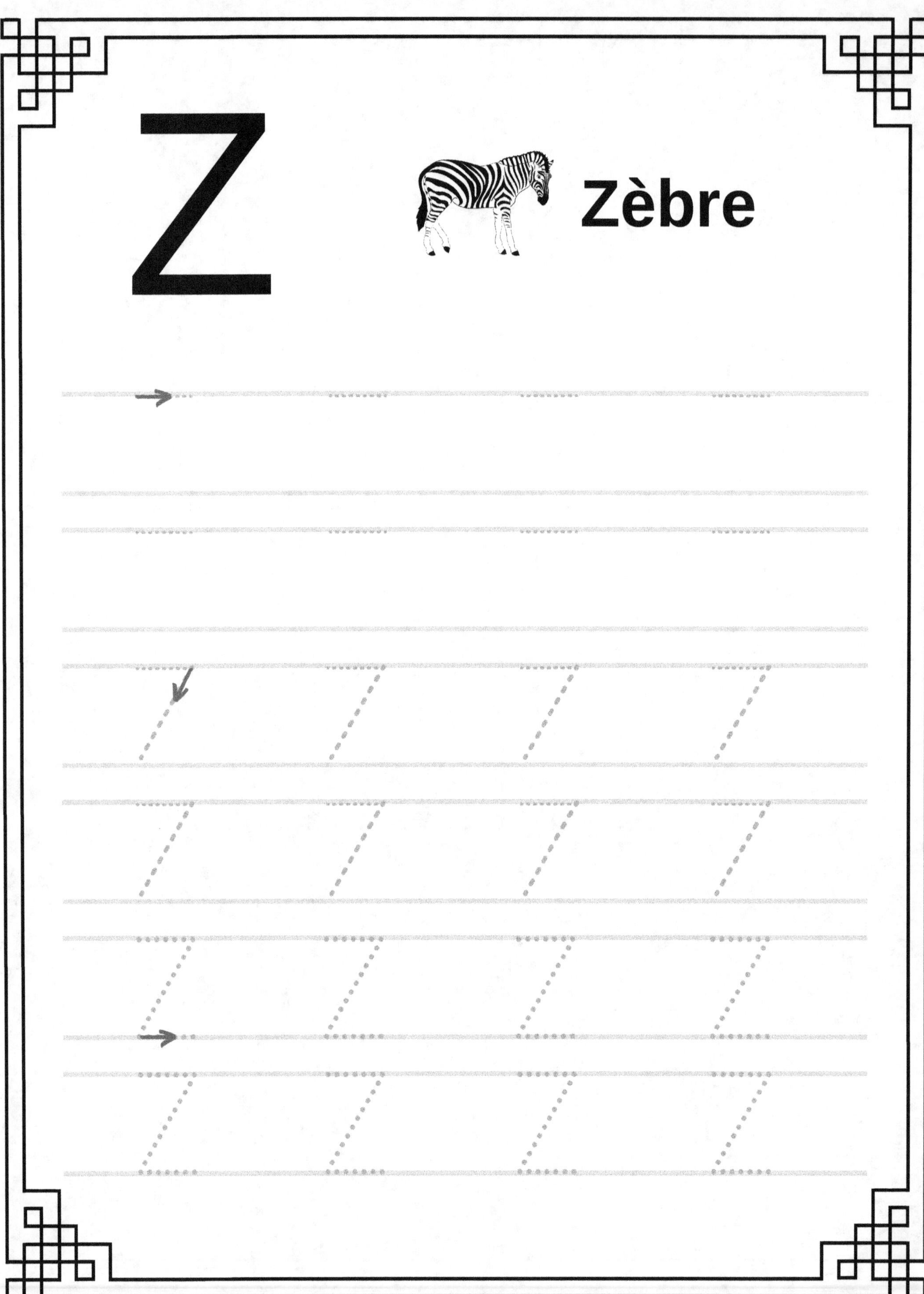

A

A

AMOUR

AMOUR

AMOUR

AMOUR

B

B

C

CHOCOLAT

CHOCOLAT

CHOCOLAT

CHOCOLAT

C

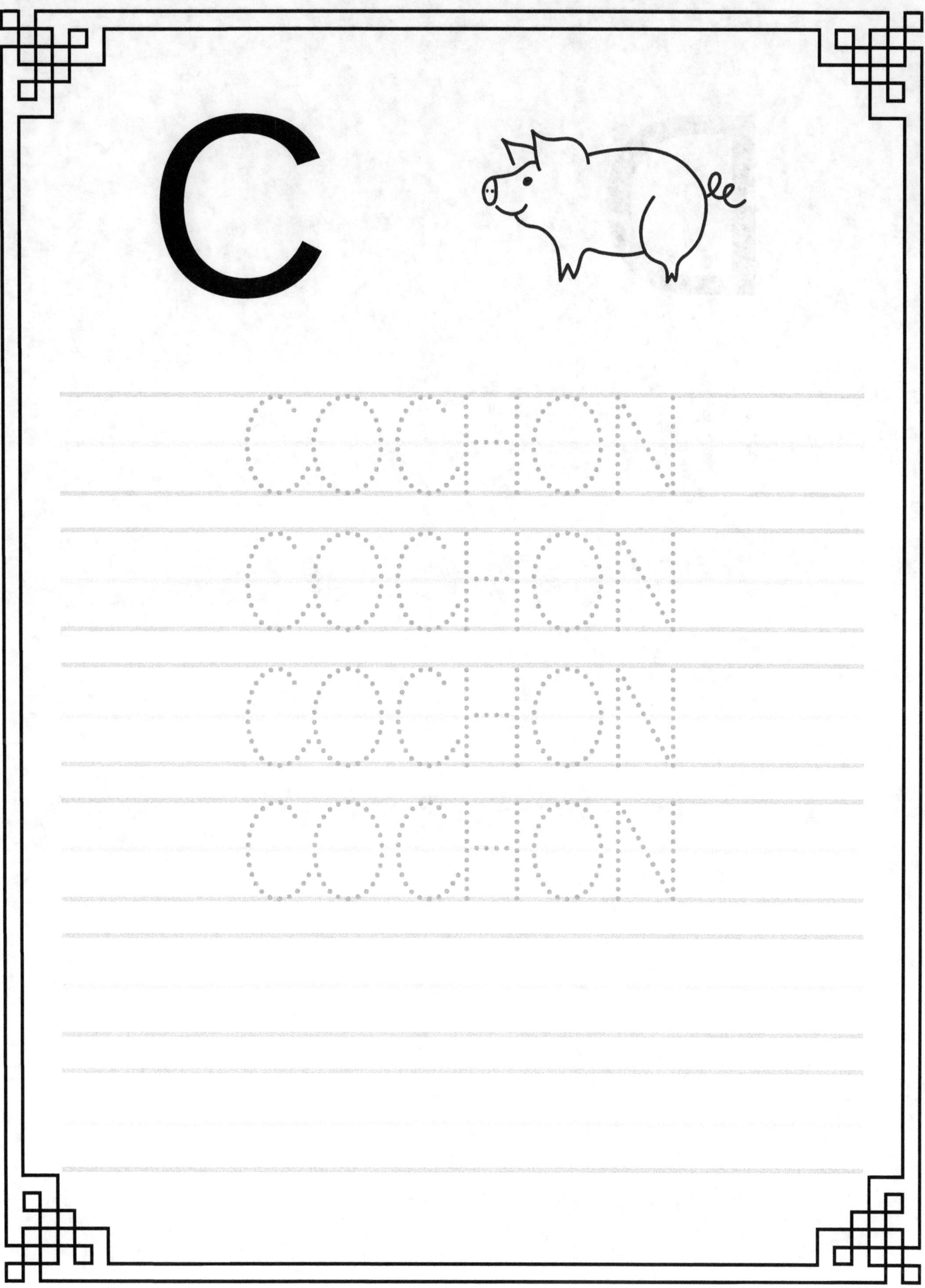

D

DENT

DENT

DENT

DENT

D

E

ELEPHANT
ELEPHANT
ELEPHANT
ELEPHANT

E

F

FLEUR

FLEUR

FLEUR

FLEUR

F
FAMILLE
FAMILLE
FAMILLE
FAMILLE
FAMILLE

G

G

H

H

HIBOU

HIBOU

HIBOU

HIBOU

I

INDIEN

INDIEN

INDIEN

INDIEN

I

IGLOO

IGLOO

IGLOO

IGLOO

J
A
B
C
JOUET
JOUET
JOUET
JOUET

J

JEUDI

JEUDI

JEUDI

JEUDI

K

KOALA

KOALA

KOALA

KOALA

K

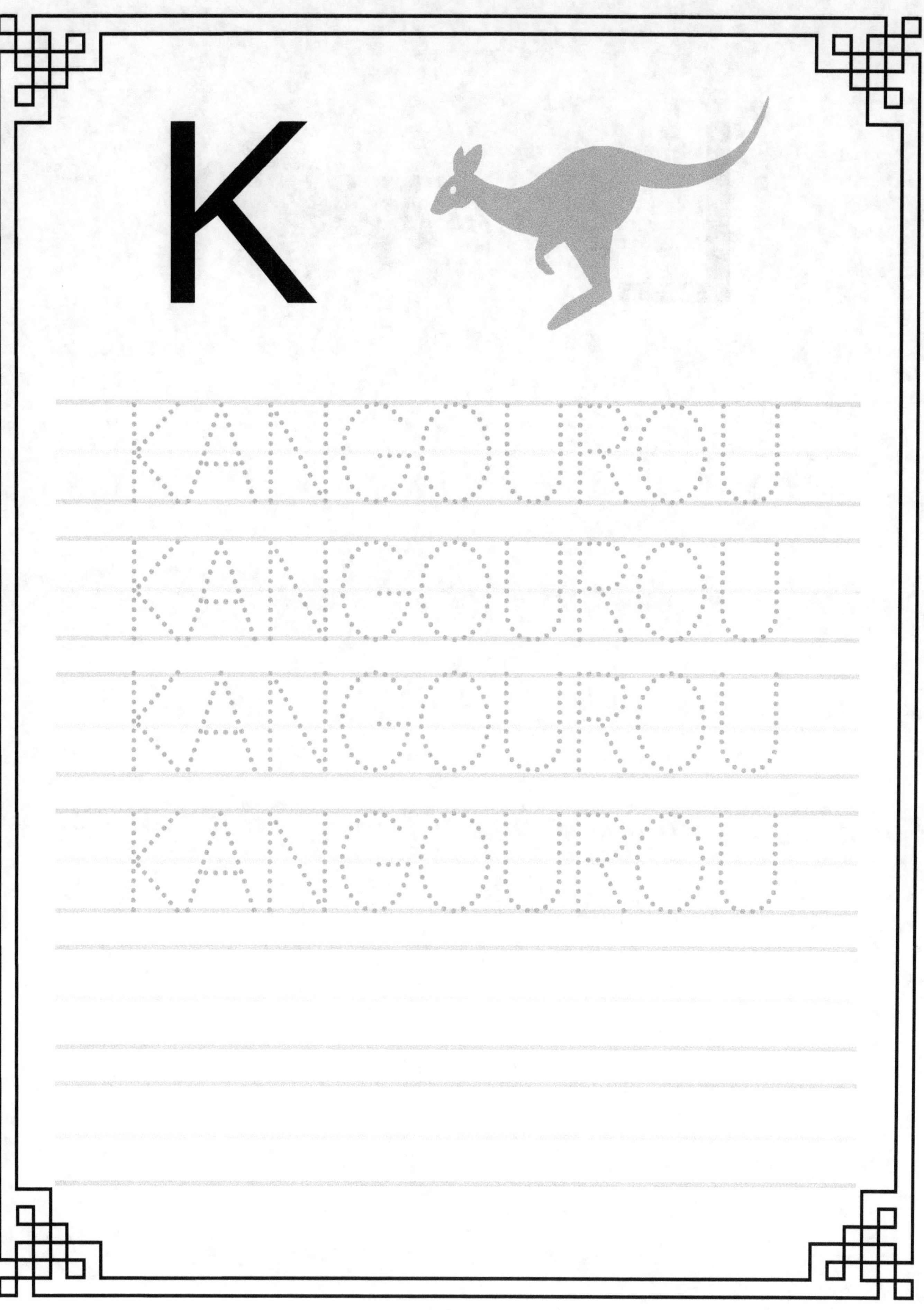

L

LION

LION

LION

LION

L

M

MIEL

MIEL

MIEL

MIEL

M

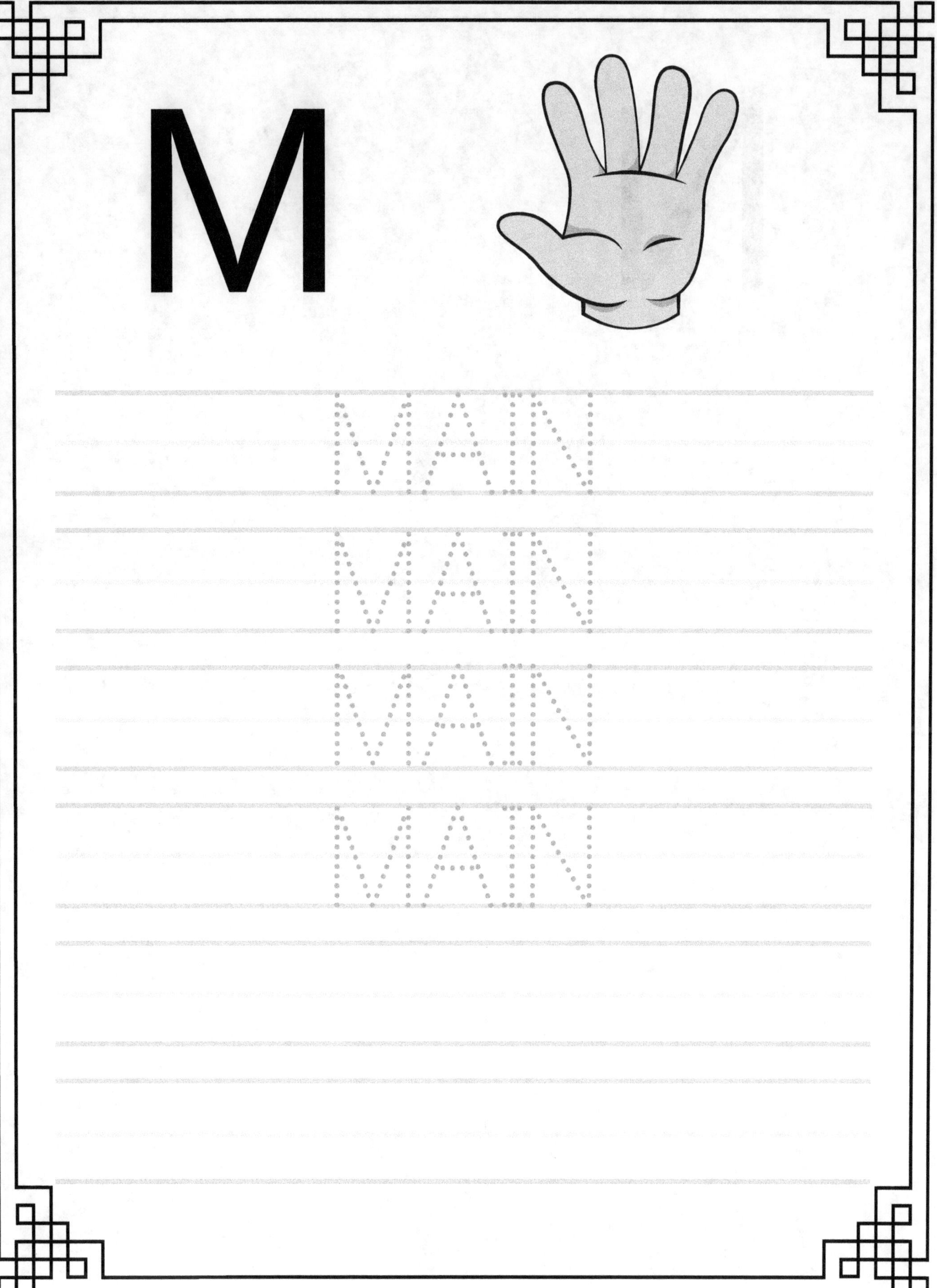

MAIN

MAIN

MAIN

MAIN

N

N

NUAGE

NUAGE

NUAGE

NUAGE

O

OURS

OURS

OURS

OURS

O

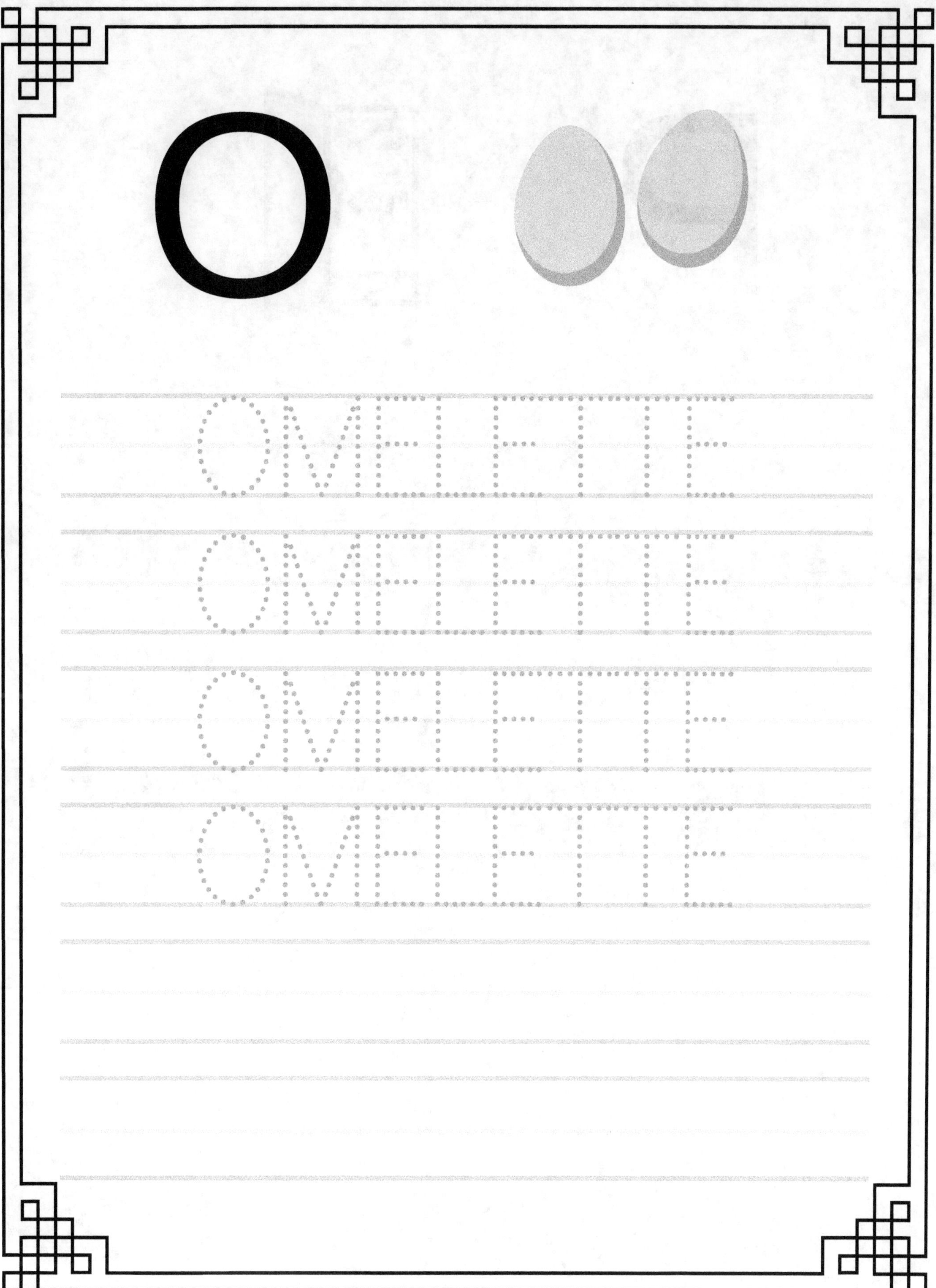

OMELETTE
OMELETTE
OMELETTE
OMELETTE

P

P

Q
QUILLE
QUILLE
QUILLE
QUILLE

Q

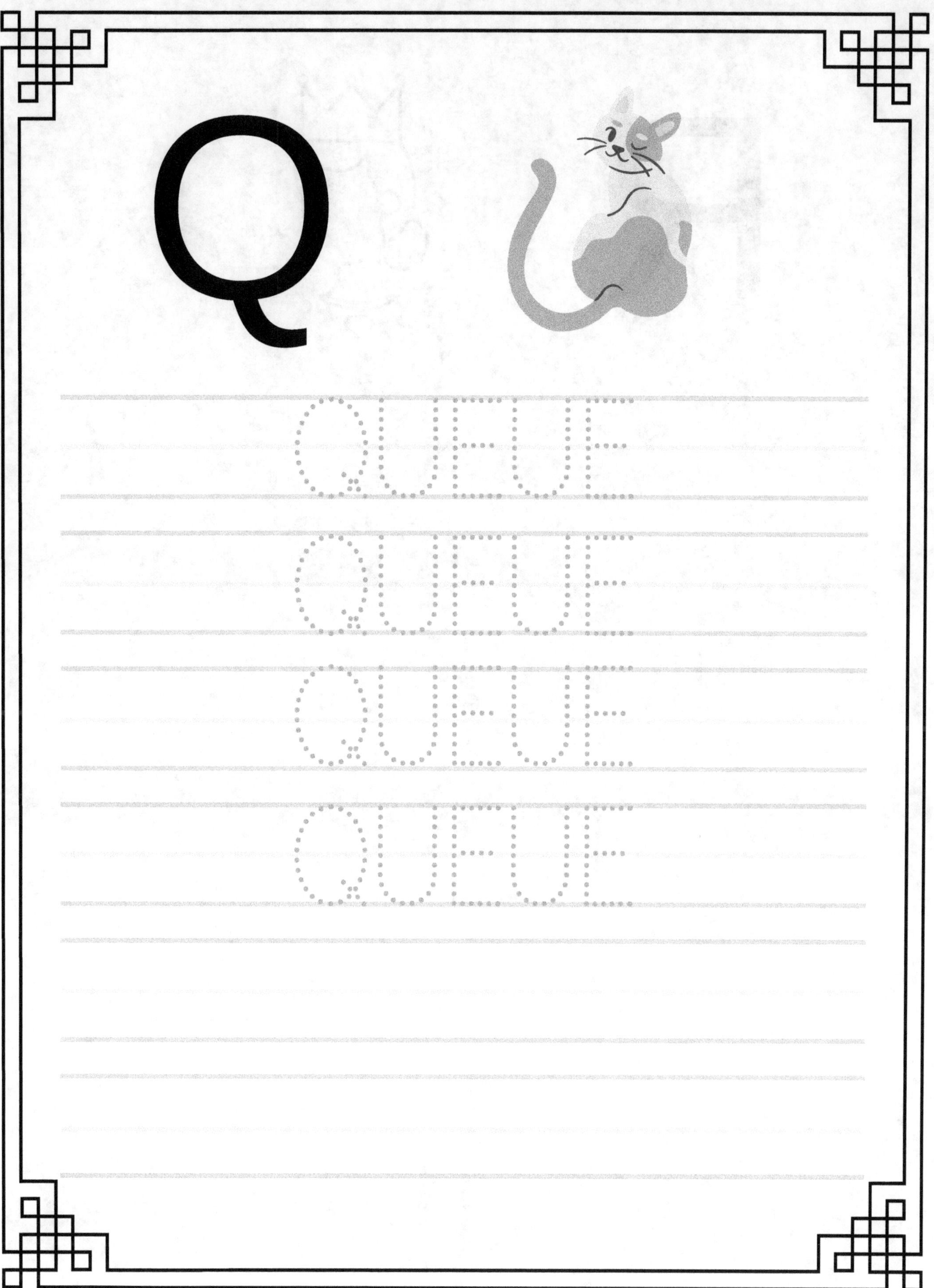

R

R

S

SERPENT

SERPENT

SERPENT

SERPENT

S
SAUCISSE
SAUCISSE
SAUCISSE
SAUCISSE

T

TROU

TROU

TROU

TROU

T

TOILETTES
TOILETTES
TOILETTES
TOILETTES

U

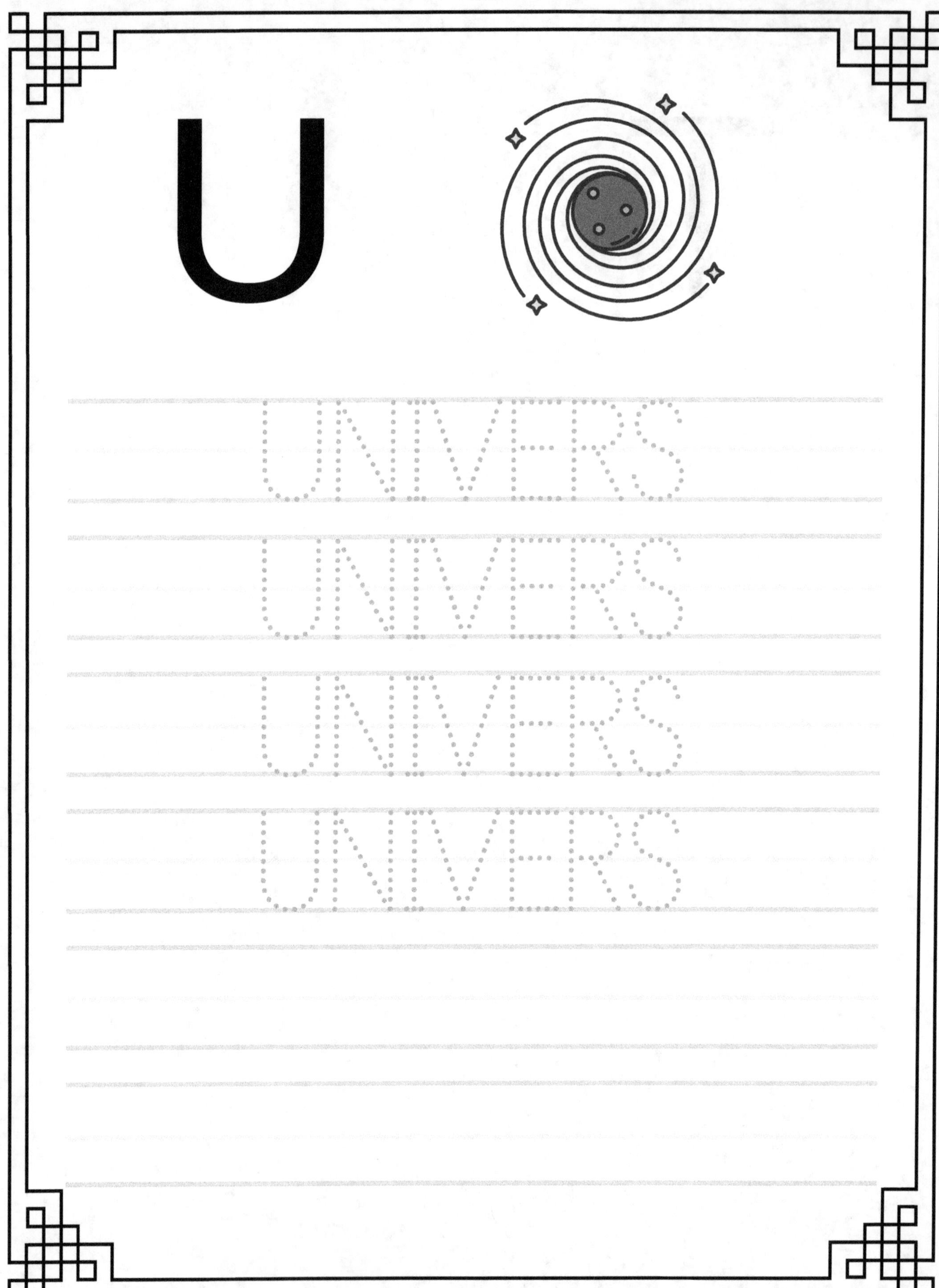

UNIVERS

UNIVERS

UNIVERS

UNIVERS

U

URNE

URNE

URNE

URNE

V

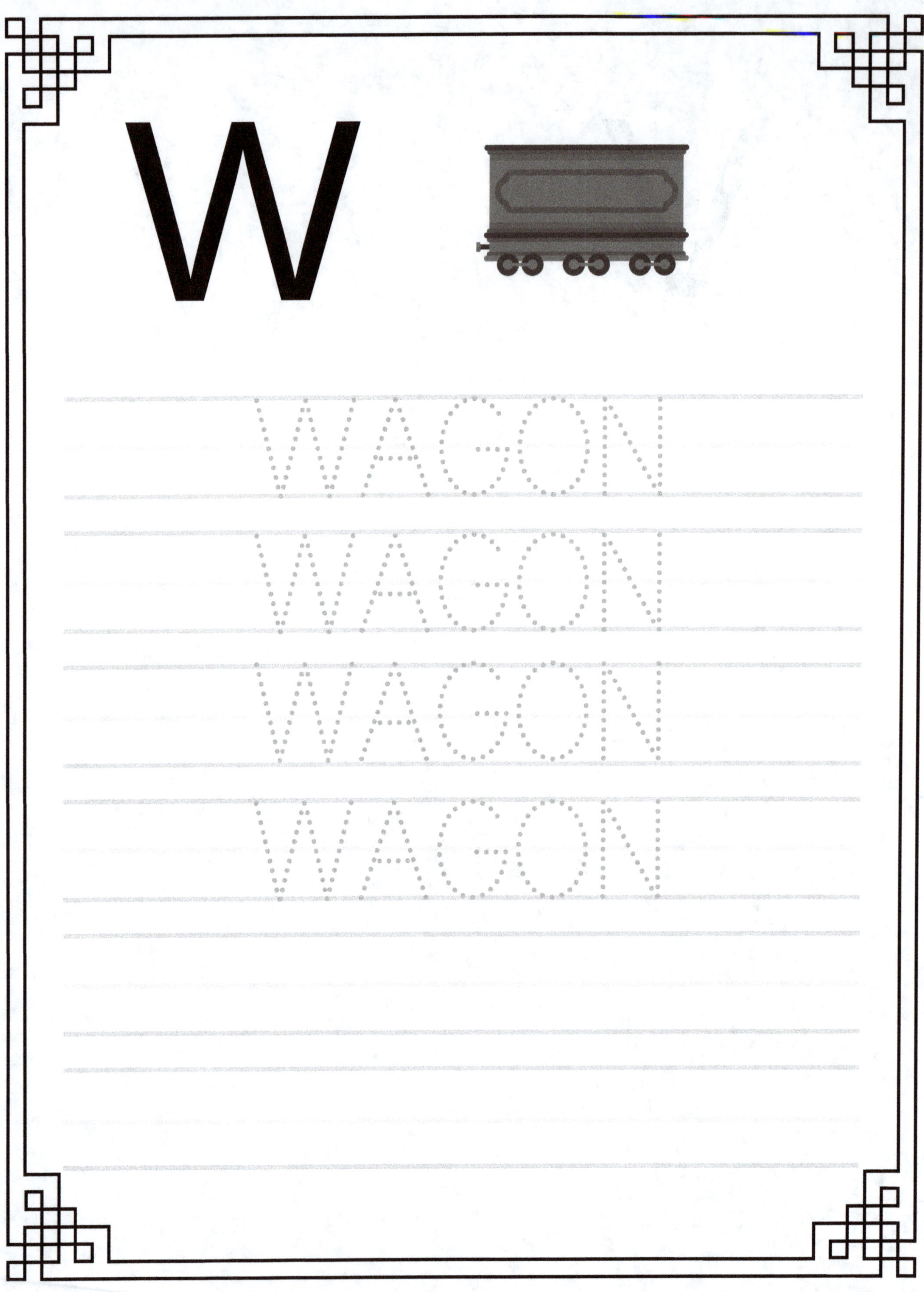

W
WAGON
WAGON
WAGON
WAGON

W

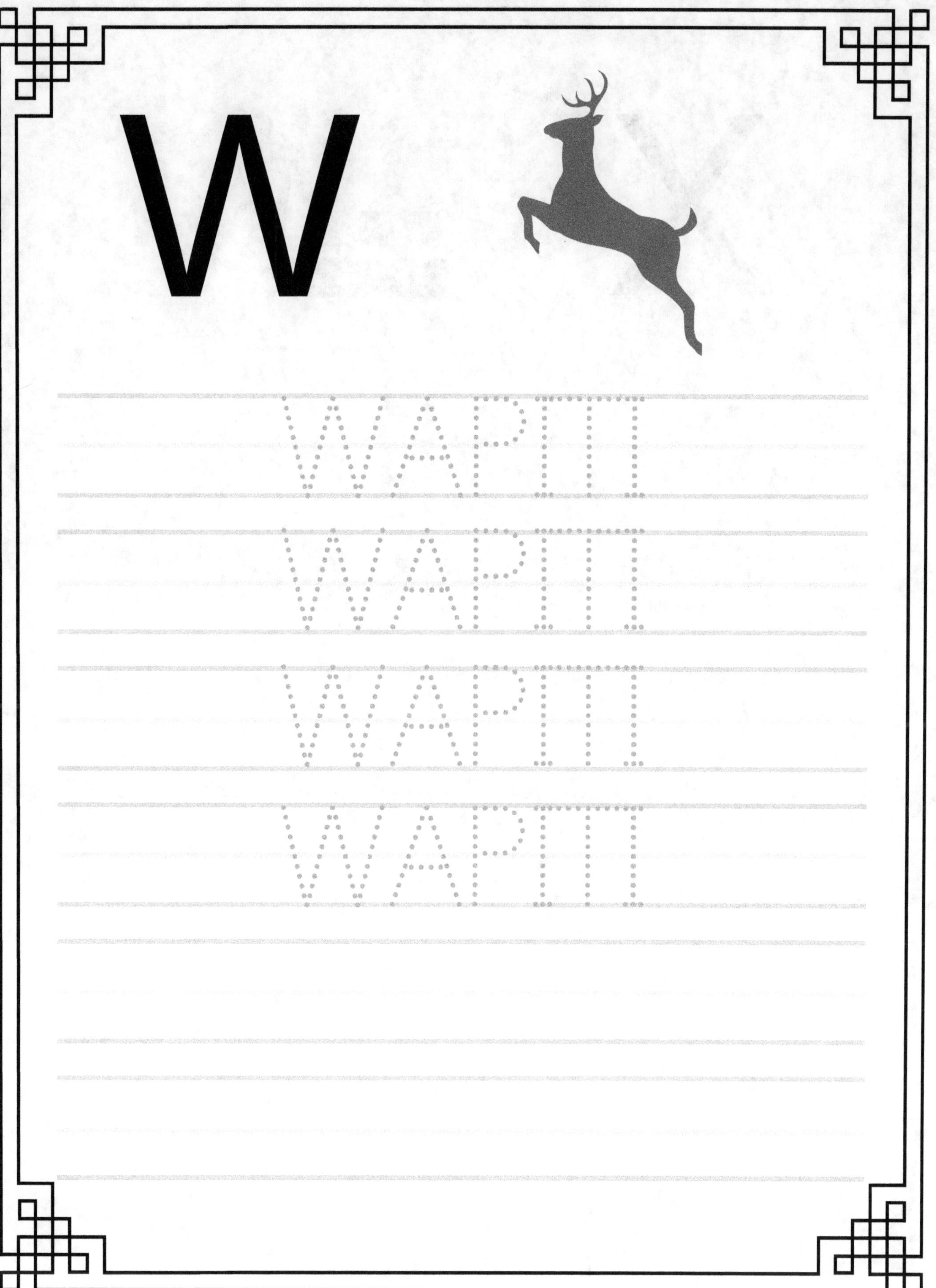

X
XYLOPHONE
XYLOPHONE
XYLOPHONE
XYLOPHONE

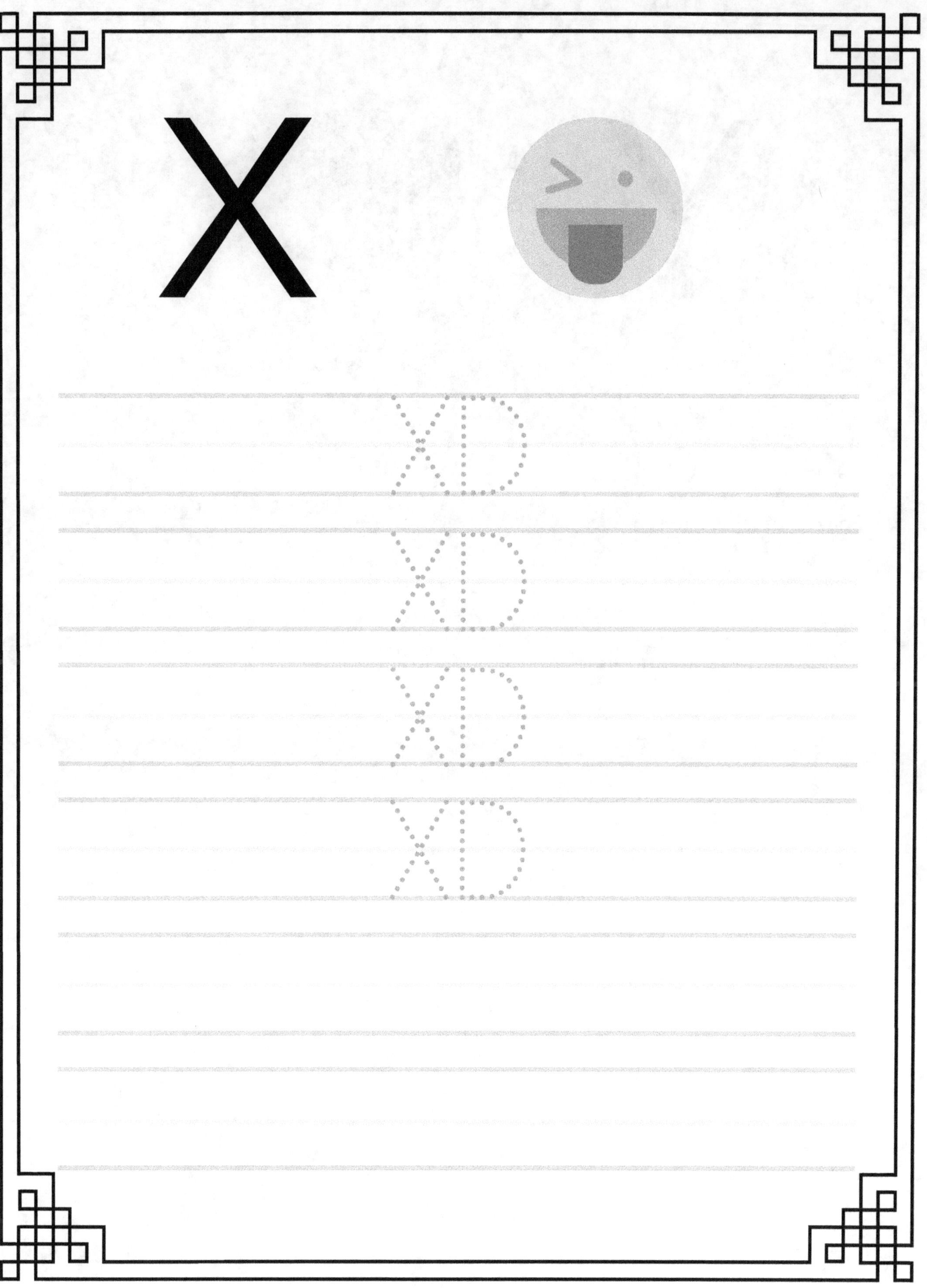

Y

Y

Z

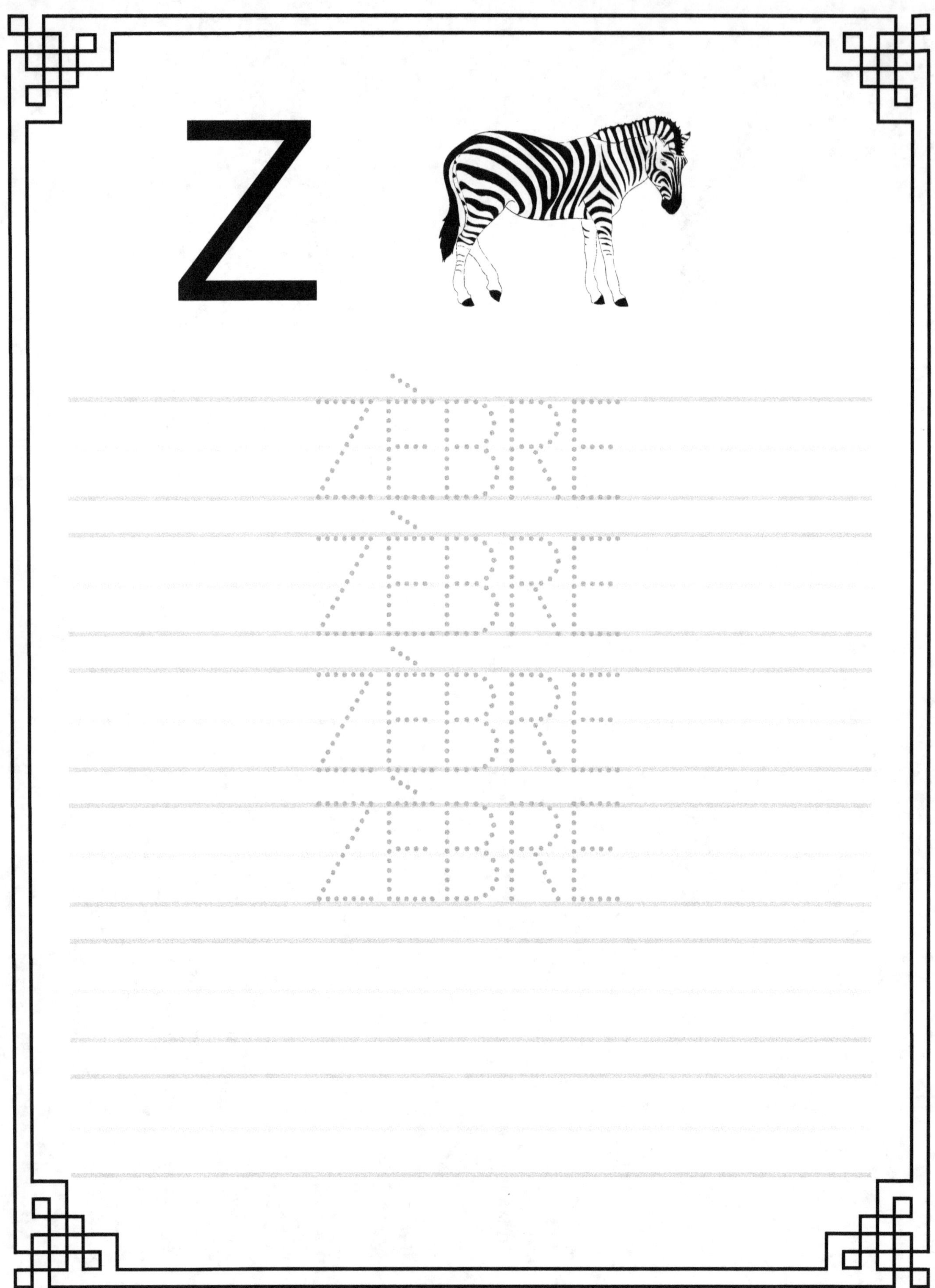

ZÈBRE

ZÈBRE

ZÈBRE

ZÈBRE

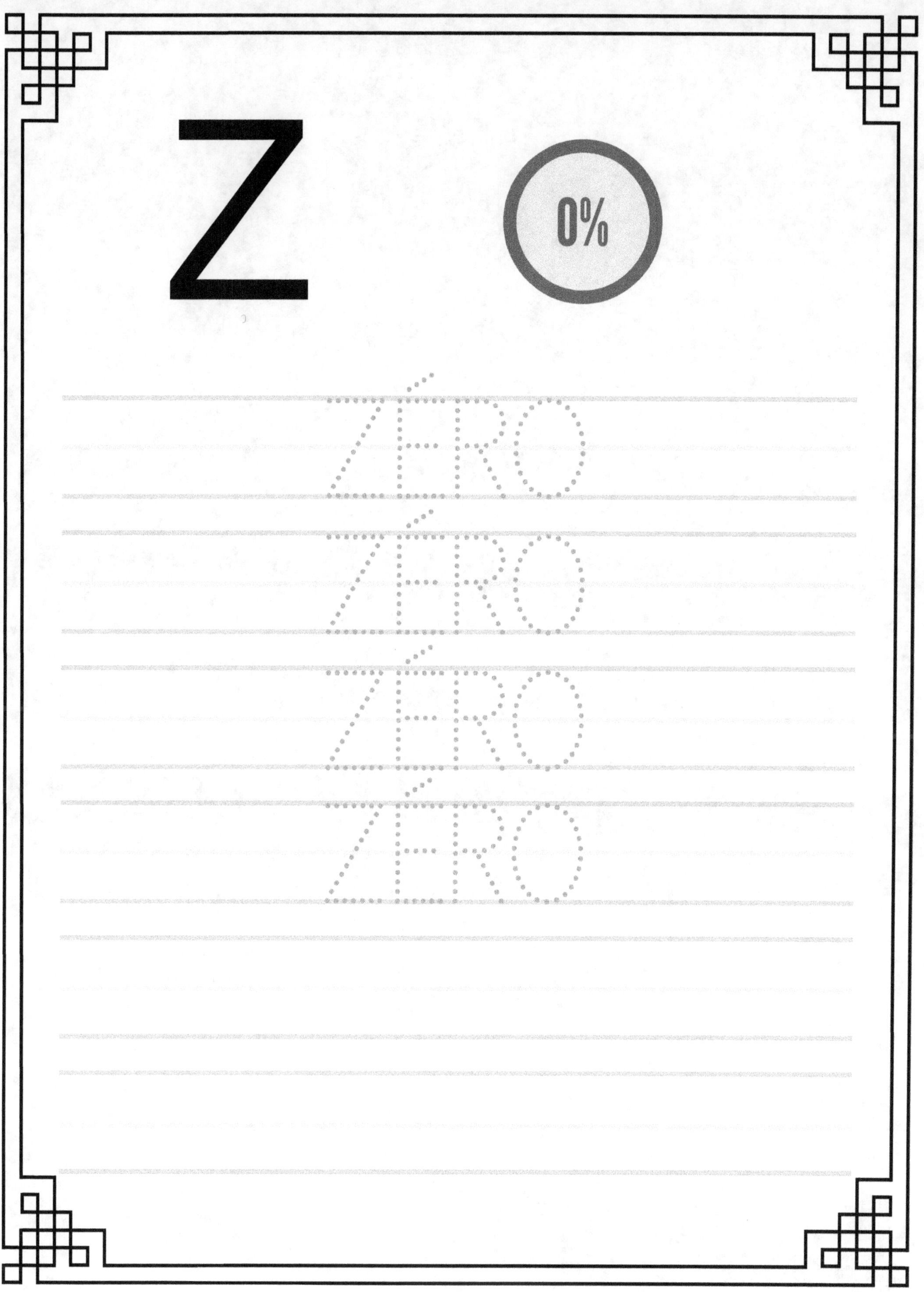
Z
0%
ZERO
ZERO
ZERO
ZERO